PETIT MÉMOIRE

POUR SERVIR D'APPENDICE ÉDIFIANT

AUX QUESTIONS DE MON TEMPS

(Une des œuvres de M. Emile de Girardin)

PAR M. ANATOLE DE LA FORGE

PARIS
TYPOGRAPHIE DE GAITTET
Rue du Jardinet, 1

1869

AVANT-PROPOS

Après avoir vainement demandé à M. Émile de Girardin réparation par les armes d'une insulte qu'il m'a faite dans son journal *la Liberté* ;

Après avoir ensuite vainement essayé de l'amener à comparaître avec moi devant un jury d'honneur ;

Je n'ai pu définitivement obtenir de cet adversaire qu'une nouvelle insulte. Sur ma prière, mes collaborateurs ont immédiatement publié dans *le Siècle* le dernier article de M. Émile de Girardin et ma réponse ; les voici :

Paris, le dimanche 2 mai 1869.

A messieurs les rédacteurs du *Siècle*.

Mes chers amis,

Je vous supplie d'insérer l'article ci-joint que publie hier soir le journal la *Liberté* :

« Ne voulant pas ce qu'il veut, voulant ce qu'il ne veut pas, retirant ce qu'il a proposé, proposant ce qu'il a retiré, spadassin et pantin, M. Anatole de la Forge a trouvé le *Siècle* assez complaisant pour publier la lettre qu'il m'a adressée avant-hier soir après la lecture des quinze pièces qui ont paru dans la *Liberté* sous ce titre : *Un défi changé en piége*, lettre que je lui ai immédiatement renvoyée sous enveloppe. On peut se laisser aller jusqu'à répondre à un sot. On ne répond pas à un fou. M. Anatole de la Forge est fou. Je l'ai su trop tard ; j'aurais dû m'en apercevoir plus tôt. — Emile de Girardin. »

Devant un tel article, que je soumets non pas à votre appréciation, elle serait suspecte de bienveillance, mais à l'appréciation de tous mes confrères de la presse et surtout à celle de mes adversaires politiques, il ne me reste qu'à remercier les hommes de cœur qui avaient consenti à être mes arbitres, MM. Laurent-Pichat, Henri Martin, Lanfrey, Gambetta et Laurier, qui hier encore se mettaient si obligeamment à ma disposition. Je ne puis malheureusement utiliser leur dévouement ; mais je conserverai toute ma vie le souvenir reconnaissant de l'honneur qu'ils m'ont fait.

M. Emile de Girardin dit que je suis un *spadassin*.

Si j'ai eu le tort grave de me battre quelquefois en duel, j'ai du moins toujours conseillé aux autres de ne jamais m'imiter.

M. Emile de Girardin ajoute que je suis un *pantin*.

Avant 1848, j'ai servi loyalement le gouvernement constitutionnel de mon pays. et depuis lors, je suis resté fidèlement attaché au parti démocratique.

M. Emile de Girardin affirme enfin que je suis *fou*.

C'est possible! seulement ma folie, Dieu merci! n'a nui à personne, excepté à moi peut-être.

Maintenant donc, mon jury d'honneur sera le public.

Agréez, mes chers amis, l'expression de mes meilleurs sentiments.

ANATOLE DE LA FORGE.

J'aurais peut-être encore hésité à appeler l'attention publique sur un homme avec lequel j'ai eu d'anciennes relations; j'aurais peut-être consenti à oublier les insultes et l'insulteur, lorsque le 15 mai dernier j'ai reçu la sommation suivante :

« L'an mil huit cent soixante neuf, le quinze mai.

« A la requête de M. Emile de Girardin, demeurant à Paris, rue Pau-« quet, n° 38, élisant domicile en mon étude.

« J'ai, Alexandre-Frédéric Levasseur, huissier près le Tribunal civil de « la Seine, séant à Paris, y demeurant, rue d'Aboukir, n° 14, soussigné, « fait sommation à M. Anatole de la Forge, demeurant à Paris, boulevard « Haussmann, 106, en son domicile et parlant au concierge de la maison.

« D'avoir, dans le délai de trente jours qui a *commencé le vingt-neuf* « *avril dernier* et qui *expirera le vingt-neuf mai courant*, à exécuter l'enga-« gement qu'il a pris en ces termes dans le numéro du journal le *Siècle* « du vingt-neuf avril dernier :

« Heureusement il y a encore des juges à Paris! M. Emile de Girardin « s'en apercevra bientôt et il n'aura rien perdu pour m'avoir fait attendre. « Si mon adversaire ne se décide pas à paraître avec moi devant un jury « d'honneur, je publierai un « PETIT MÉMOIRE » qui pourra servir d'appen-« dice édifiant aux QUESTIONS DE MON TEMPS (*Siècle*, 29 avril 1869).

« A ce que M. Anatole de la Forge n'en ignore;

« Lui déclarant que faute par lui d'exécuter ledit engagement dans le « délai fixé, le requérant se réserve d'aviser et d'agir par tous les moyens « de droit pour le contraindre de publier le « PETIT MÉMOIRE » dont il a « annoncé la publication sous la forme d'une menace constituant le délit « de diffamation.

« Et que je lui ai, en parlant comme dessus, laissé cette copie.

Coût : cinq francs 80 centimes.

Suit la signature :
A.-F. LEVASSEUR.

C'est poussé bien loin l'audace et l'impudeur!

Quoiqu'il en soit, j'obéis à la sommation de mon adversaire et je publie ce mémoire.

Je le soumets à nos juges naturels, c'est-à-dire à mes confrères de la presse politique et littéraire, au public que cette page d'histoire contemporaine intéressera, par cela seul qu'une question qui intéresse l'honneur et la dignité du journalisme s'y trouve engagé.

ANATOLE DE LA FORGE.

A TOUS MES CONFRÈRES

DE LA PRESSE POLITIQUE ET LITTERAIRE

I

> Si le talent commence les réputations, c'est la moralité seule qui les consolide.
>
> EMILE DE GIRARDIN.

Messieurs,

Ce n'est point un ennemi de M. Emile de Girardin qui s'adresse à vous, c'est au contraire un homme qui, pendant vingt ans, n'a cessé de lui témoigner de la sympathie et même, hélas ! de la déférence. Nous nous rencontrions souvent chez des amis communs, MM. Benoist Fould, Ferdinand de Lesseps et Terré, notamment.

Le talent de ce polémiste, et plus encore son énergie m'avaient, je l'avoue, inspiré pour lui une sincère affection. Je ne sais si jamais il en a eu pour moi ; mais je confesse la mienne. Quoiqu'il en soit, il résulta de ces rencontres des relations personnelles entre M. Emile de Girardin et moi. Je fus reçu hospitalièrement chez lui, présenté à sa première et à sa seconde femme. Bref, il s'établit entre nous de ces rapports que la vie active de Paris peut seule expliquer et qu'elle rend assez intimes quoiqu'ils soient fréquemment interrompus.

Je dois le dire ici, un grand nombre de mes amis politiques et de mes amis personnels me reprochaient vivement ces relations avec M. de Girardin. Les uns, parce qu'il avait eu le malheur de tuer en duel Armand Carrel ; les autres, parce qu'il s'était trouvé compromis, disaient-ils, dans plusieurs affaires véreuses. Aux premiers je répondais que tout en déplorant la fatale issue du drame de Saint-Mandé, je trouvais que M. de Girardin avait combattu à armes égales dans le cas de légitime défense. — Aux seconds, qui me parlaient sans cesse des tripotages et des procès du *Journal des Connaissances utiles*, du *Musée des Familles*, du *Panthéon Littéraire* et de la *Presse*, j'objectais les rivalités excitées contre un spéculateur heureux. Enfin par un penchant naturel qui m'attire quelquefois vers les hommes dont les idées sont diamétralement opposées aux miennes, j'allais à M. de Girardin et je faisais de lui une sorte de victime des passions politiques et de la calomnie.

Un fait grave cependant, il y a quelques années, me détacha de mon héros imaginaire. Ce publiciste, qui avait soutenu avec toute la presse libérale la cause de l'indépendance italienne, fit tout à coup une guerre acharnée à la Pologne alors qu'elle était opprimée, décimée, écrasée. M. Emile de Girardin choisit ce moment pour entonner l'éloge de la politique moscovite et de l'Empereur de Russie. Il s'en suivit entre M. de Girardin et moi des discussions publiques assez vives. Elles sont à peu près résumées dans une brochure que je publiai sous ce titre : *Evénements de Pologne. Réponse à M. Emile de Girardin.* Je ne rappelle ce détail que pour donner au besoin une idée exacte du ton courtois de ma polémique avec lui.

Après la mort de mon regrettable ami et directeur politique M. Havin, le rédacteur en chef du journal *la Liberté* vint rendre les derniers devoirs à son ancien collègue comme l'un des trois représentants de la presse Parisienne ; les deux autres étaient M. Baudrillart, rédacteur en chef du *Constitutionnel*, et M. Guéroult, député, rédacteur en chef de l'*Opinion nationale.* Ce fut au sorti du cimetière de Torigny, je crois, que je serrai pour la dernière fois la main de M. Emile de Girardin. A partir de ce jour je ne l'ai plus rencontré.

Dans les entretiens que j'avais eus avec M. Havin, il m'avait fréquemment parlé de ses préoccupations à propos des élections générales de 1869. Il était d'autant plus naturel que ce sujet de conversation lui revînt à l'esprit, qu'il savait que la rédaction *tout entière* du *Siècle* ne voulait point remettre le nom de M. Emile Ollivier sur la liste des candidats de l'opposition démocratique.

M. Havin, qui avait été un des promoteurs de la première élection de ce jeune député, ne se montrait pas, à beaucoup près, aussi pénétré que nous tous de la nécessité de le remplacer par un nouveau candidat. Notre honorable directeur politique, j'ai hâte de le reconnaître, gardait une sympathie personnelle et persistante pour M. Emile Ollivier; il l'aurait difficilement abandonné. Nous en étions là, quand un jour, à la suite ou le lendemain d'un repas pris en tête-à-tête avec le rédacteur en chef de *la Liberté*, M. Havin discutant la question électorale me parla des *instances faites par M. Emile de Girardin en faveur de la candidature d'Emile Ollivier.* M. de Girardin déclarait déjà qu'il la soutiendrait à outrance.

Je m'efforçai de combattre cette candidature dans l'esprit

de notre directeur politique qui ne me dit pas s'il avait ou s'il n'avait point pris d'engagement.

Vous concevrez, messieurs, quelle fut ma surprise quand je lus un soir dans *la Liberté* les lignes suivantes :

Le *Siècle* n'aura pas été long à oublier que devant le jury d'honneur appelé à prononcer sur les imputations de feu M. de Kervéguen il avait jugé prudent et nécessaire de s'abriter derrière M. Emile Ollivier, derrière la pureté de son caractère et l'autorité de sa parole.

Il est vrai que, malheureusement pour le *Siècle*, l'honorable M. Havin a cessé de le diriger. On le voit bien!

Je ripostai en dénonçant, dans un article intitulé : *les manœuvres de M. de Girardin*, la ligue projetée sous ses propres inspirations pour assurer le succès de la candidature de son ami M. Emile Ollivier. Le lendemain, le rédacteur en chef de *la Liberté*, sans respect pour la vérité, sans respect pour un honnête homme qu'il connaissait depuis vingt ans, osa signer de sa main la phrase que voici :

D'un homme qui ment, je ne dis pas qu'il se trompe, je dis qu'il ment, et je le prouve.

Il le prouvait! comment? en exhibant *une invitation à déjeûner* que lui adressait M. Havin, — puis en racontant la conversation qu'ils auraient eue ensemble pendant ce repas pris en tête-à-tête. Quel témoignage M. de Girardin a-t-il donc à invoquer pour appuyer son dire?

En lisant ces lignes outrageantes contenant la première insulte que j'ai reçue de ma vie et écrite d'une main que j'avais tant de fois serrée dans la mienne ; mon premier mouvement fut de courir rue Pauquet de Villejust, d'entrer dans le salon de M. de Girardin et de le souffleter devant tous les siens, comme autrefois l'honorable M. Bergeron, odieusement calomnié par lui, avait été réduit à le faire. Des amis me retinrent ; ils eurent raison. Ils m'engagèrent à mépriser l'injure(1). J'adressai alors une demande de réparation par les armes à M. de Girardin, — non pour couper court à une polémique engagée, ainsi qu'il a essayé de le faire croire — mais pour laver un indigne outrage.

Ici, messieurs, je vous prie de ne pas oublier que le même M. Emile de Girardin, après la mort d'Armand Carrel, avait

(1) Prenez garde, me disaient-ils, aux résultats de l'affaire Bergeron. Elle est en effet de nature à faire réfléchir tous ceux qui auraient à se venger des insultes du rédacteur en chef de la *Liberté*. M. Emile de Girardin, souffleté par M. Bergeron qu'il avait accusé d'être un regicide, fit condamner son adversaire à cinq ans de prison.

répondu par une provocation directe à une interpellation de M. Isambert, membre de la Chambre des députés et conseiller à la cour de cassation. Quelle injure était donc partie de la bouche de cet homme estimé? — Aucune. Il avait simplement demandé compte aux ministres de l'intérieur et de l'instruction publique d'une subvention de 200,000 francs accordée au *Panthéon littéraire*. (Voir la séance du 9 juin 1837, publiée dans le *Moniteur* du 11.)

A ma provocation, bien légitimée je crois, M. Emile de Girardin répondit par un refus et un persifflage. Que devais-je faire? Ce que chacun de vous, messieurs, eût fait à ma place.

1° Etablir l'indignité du rôle d'un écrivain, rédacteur en chef, maître et propriétaire unique d'un journal dans lequel il insulte les honnêtes gens sans vouloir leur donner satisfaction.

2° Montrer l'inégalité existante entre un homme qui a toujours vécu honorablement et un homme (je n'ai pas dit *condamné*) compromis dans les opérations faites par un de ses *amis intimes*, M. Cleeman, convaincu d'escroquerie.

Or, il m'a suffi d'une heure de lecture pour m'édifier sur ce point. La *Gazette des tribunaux* est remplie du bruit des affaires dans lesquelles on apprend à connaître M. Emile de Girardin. Il cherche aujourd'hui à circonscrire le débat dans une seule de ces affaires, et il s'étonne que je l'aie appelé : « L'HOMME DES MINES DE SAINT-BÉRAIN. » Mais ne se souvient-il déjà plus de la publication de Dornès, le noble représentant du peuple mort pour la défense de la liberté aux journées de juin? Voici, messieurs, ce qu'écrivait en 1842 cet homme de bien aux électeurs de Bourganeuf et de Castel-Sarrasin, dont M. Emile de Girardin sollicitait alors les suffrages.

« Nous n'avons parlé, dit Dornès, que du *Journal des Connaissances utiles*, du *Musée des Familles*, du *Panthéon littéraire* et de la *Presse*, parce que M. Emile de Girardin a officiellement attaché son nom à ces quatre entreprises et qu'ainsi « il ne peut les désavouer. On lui a attribué quelquefois d'autres entreprises gravement compromises dans l'opinion publique. Comme il les a désavouées, nous ne lui en attribuerons pas la responsabilité. Toutefois, nous inviterons « MM. les électeurs à lui demander des explications au sujet « des mines de Saint-Bérain.

« L'affaire des mines de Saint-Bérain est connue, jugée et « condamnée. M. Emile de Girardin a répudié la responsabilité « de cette audacieuse escroquerie; soit ; nous ne contestons pas « la déclaration qu'il a faite à plusieurs reprises. Il est étranger « à l'entreprise de Saint-Bérain. Mais le moment des élections

« est une époque solennelle, où rien ne doit rester obscur et « inexpliqué, soit pour les candidats, soit pour les électeurs. « Or, voici quatre points sur lesquels nous appelons l'attention « de MM. les électeurs, et qui nous paraissent mériter des ex- « plications de la part de M. Emile de Girardin :

« 1° *Il a paru dans la* Presse, *non pas dans les annonces, « qui ne font point partie du journal, mais dans le corps même « du journal, dont la responsabilité appartient au rédacteur en « chef, un extrait du* Temps *qui a joué un grand rôle dans le « procès de Saint-Bérain. Il fut ajouté à cet extrait quelques « paragraphes liés par des guillemets, comme si tout n'était « qu'une seule et même rédaction. M. A. Cleemann, et depuis « M. E. de Girardin, ont prétendu que c'était l'effet d'une er- « reur typographique, parce qu'on avait mis des guillemets de « trop.*

« *C'est ainsi que dans l'affaire du* Musée des Familles *l'alté- « ration de l'acte de société fut attribuée à l'inexpérience de « M. Cleemann et à une illusion bien excusable de trois gé- « rants; que, dans le* Panthéon, *lorsque M. Vigouroux, gé- « rant du* Bon Sens, *se plaignit de ce qu'on eût mis son nom « au bas d'une circulaire sans son autorisation, on allégua une « méprise d'imprimeur; trois erreurs bien déplorables dont le « souvenir devrait revenir quelquefois à l'esprit de M. E. de « Girardin, et lui faire prendre un langage moins outrecui- « dant et une attitude plus modeste! Par malheur, la justice n'a « pas cru à l'erreur des guillemets; M. l'avocat-général a dit « en audience publique : « Les mensonges dans l'acte de société « et dans la circulaire ne constituent pas un délit. Il en est au- « trement des articles de journaux et particulièrment de celui « qu'on a inséré comme un extrait du* Temps. » *Enfin, la cour « royale, dans ses considérants, a fait allusion à cette auda- « cieuse falsification. Ce fait n'appartient pas à M. Emile de « Girardin. Mais quand pareille chose arrive dans un journal, la « responsabilité morale du rédacteur en chef est trop engagée « pour qu'il n'explique pas comment et par qui le faux a été « commis.* »

Croyez-vous, messieurs, après avoir pris connaissance de ces faits que je ne pouvais pas appeler M Emile de Girardin, mon insulteur, « *l'homme des mines de Saint-Berain?* » Mais ce nom c'est celui sous lequel il est encore connu de toute la génération de 1830! Je ne suis, à trente ans de distance, que l'écho affaibli du cri de l'opinion publique tout entière. Le té-moignage que j'invoque n'est pas celui d'un homme inconnu ou suspect, c'est le témoignage d'un homme universellement respecté autant pour sa loyauté que pour son courage; j'en appelle à tous ceux qui ont assisté à ses funérailles. Elles furent un deuil général dans Paris.

Que voulait Dornès en publiant la brochure aux électeurs de Bourganeuf et de Castel-Sarrasin? Il voulait éclairer les électeurs sur la valeur de M. Émile de Girardin. « La chambre des « députés, disait l'écrivain, est, par ses attributions constitu- « tionnelles, appelée à décider souverainement des questions « qui intéressent la vie, la liberté, la fortune des citoyens, la « gloire, la puissance, la prospérité du pays. Ce pouvoir sou- « verain ne doit être confié qu'aux hommes les plus purs, les « plus irréprochables, à l'élite de la France. La France ren- « ferme, Dieu merci, un grand nombre de citoyens dont le « nom n'a pas été compromis dans les spéculations malheu- « reuses, et qui n'ont encouru le plus léger blâme de la part « des tribunaux (1). »

Telle était la pensée de Dornès. N'est-ce point, messieurs, la préoccupation d'un bon citoyen et d'un homme intègre?

« Il y a eu une deuxième poursuite au sujet des mines de « Saint-Bérain contre M. Blum, A. Cleemann, etc. Il existe dans « les pièces de cette seconde procédure une lettre signée de « M. Émile de Girardin, dans laquelle il écrivait à un magis- « trat : « L'ordonnance de non-lieu pourrait, si vous le vou- « liez, monsieur et cher collègue, être rendue sous peu de « jours. J'y attache personnellement une grande importance « par des considérations de plusieurs natures..... »

« Nous invitons, ajoutait encore Dornès, messieurs les élec- « teurs à demander à M. de Girardin quelles sont ces considé- « rations. »

« M. E. de Girardin a, au reste, poussé plus loin l'impru- « dence ; on peut en juger par la lettre suivante dans laquelle « il attaque l'arrêt de la cour royale et le représente comme « œuvre de passion ou de mystère. Voici cette lettre adressée au « *Charivari* et publiée dans les journaux : »

A M. le rédacteur du *Charivari*,

Ce 8 avril 1839.

« Monsieur,

« Un sentiment qui sera compris de *tout homme de cœur* ne « me permet pas de laisser sans réponse et sans rectification « l'article de votre numéro de ce jour où vous dites que, lors « de l'élection de Bourganeuf, MM. Girardin et Boutmy,

(1) Extrait de la brochure Dornès.

« membres du bureau provisoire, ont annulé un bulletin por-
« tant collectionnés les noms de MM. Blum, Cleemann,
« Boutmy, Girardin, par la raison que les deux premiers noms
« étaient étrangers au collége et qu'ils étaient injurieux pour
« les *autres*.

« Il y a, dans cet énoncé, deux erreurs volontairement com-
« mises :

« D'abord le bulletin, ainsi que cela est constaté par la
« protestation même à laquelle a donné lieu l'annulation de ce
« vote, ne portait pas mon nom, mais celui d'un autre élec-
« teur.

« Ensuite, ce bulletin n'a pas été annulé, en ce qui concerne
« MM. Boutmy et Goumy (nom du quatrième électeur), parce
« que leurs noms étaient *précédés* de MM. Blum et Cleemann,
« mais bien parce qu'ils étaient suivis d'expressions diffama-
« toires et injurieuses.

« Le bureau qui, à l'unanimité, a ordonné l'annulation de ce
« bulletin, a fondé son opinion et sa décision sur ce motif,
« que le secret des votes n'avait pas été prescrit par la loi pour
« assurer l'impunité des insultes et en protéger la lâcheté;
« qu'un outrage anonyme ne saurait constituer un suffrage ex-
« primé, et qu'agir ainsi c'était faire tomber dans le mépris
« l'exercice du droit électoral.

« En ce qui touche MM. D. S. Blum et A. Cleemann, peut-
« être *le mystère de leur condamnation par arrêt de la cour*
« *royale de Paris, après l'acquittement si longuement motivé,*
« *prononcé par jugement du tribunal de première instance,*
« *sera-t-il un jour révélé.*

« Je termine, monsieur, en vous déclarant que, vous
« pouvez, sans que je m'en offense, continuer à m'appeler
« *l'ami de M. A. Cleemann*, car je le suis devenu depuis qu'au
« mépris de tous les usages reçus, les rigueurs de la justice
« n'ont fait que rendre plus vives et plus violentes les attaques
« de la presse contre le fils de l'ancien associé du respectable
« M. Vassal.

« Je réclame de votre impartialité l'insertion de cette lettre.
« J'ai l'honneur de vous saluer,

« ÉMILE DE GIRARDIN. »

Vous trouverez sans doute, comme moi, messieurs, que M. de Girardin était bien maître, en effet, d'appeler M. A. Cleemann *son ami !* Comment aurait-il pu faire autrement? Est-ce que ces messieurs n'étaient pas de longue date des intimes et des associés, ainsi qu'on peut s'en convaincre par l'acte de société formé devant maître Dreux, notaire à Paris? Suivant les termes de l'article 9 de cet acte, des trois cents actions représentant le fonds social, cinquante seront *remises* « à M. de « Girardin, cinquante à M. Cleeman, et pareil nombre à « M***, tous trois à titre de fondateurs et bailleurs de fonds, « tant pour les sommes par eux employées en acquisition de « matériel, frais, indemnités de voyages faits au sujet de cette « publication, correspondance, etc., etc., que pour la pro- « priété du journal *le Père de famille*, achetée précédemment « et qu'ils déclarent par ces présentes réunir au *Musée des* « *Familles.* »

Oui M. Emile de Girardin était bien et devait être naturellement l'ami de M. Cleemann. Il n'est donc pas étonnant qu'il ait attaqué, pour le défendre, un arrêt de Cour royale et annoncé à propos de cet arrêt des *révélations* que la justice et l'opinion publique attendent encore de M. Emile de Girardin?

Le travail consciencieux de Dornès, en ce qui concerne l'affaire des mines de Saint-Bérain, se termine par une quatrième question, celle-ci : « Que M. de Girardin explique enfin, dit-il, « pourquoi il a partagé avec M. A. Cleemann le triste honneur « de donner son nom à des puits dans l'entreprise de Saint- « Bérain ; nous trouvons au rapport de M. Fournel, page 31, « que les PUITS DITS JUMEAUX, furent *appelés puits-Gi-* « *rardin.* »

Etait-ce, messieurs, pour y cacher la vérité? je l'ignore. Tout ce que je sais, tout ce que je crois, c'est que, si M. Emile de Girardin n'a pas été mêlé juridiquement à cette fameuse affaire des mines de Saint-Bérain, il y a été mêlé moralement comme le *lanceur* (qu'on me pardonne l'expression) de la chose. J'espère pouvoir vous le démontrer tout à l'heure dans la seconde et très-courte partie de ce mémoire. Vous y verrez M. Emile de Girardin constamment caché derrière Cleemann, le coupable atteint par la loi. L'un a été l'exécuteur, l'autre l'inspirateur et le protecteur efficace, grâce au journal *la Presse* dont il était le rédacteur en chef. Voilà entre eux toute la différence.

L'ami de Cleemann d'ailleurs a passé sa vie à insulter tous les honnêtes gens, d'abord Berryer, Martin de Strasbourg (ne parlons plus d'Armand Carrel), ensuite M. Guizot, ensuite M. Duchatel. L'avez-vous oublié, messieurs?— En ce cas voici les termes mêmes dont se servait M. Emile de Girardin dans son journal : « M. Guizot, avili par une de ces ignobles actions « dont les plus violents de ses détracteurs ne l'eussent jamais

« cru capable; M. Duchatel convaincu de mensonge et d'im-
« posture » (1).

Quant à moi, messieurs, qui suis sous le coup d'un démenti donné par M. de Girardin ; je partage avec ces noms illustres l'honneur de ses outrages. MM. Prévost-Paradol, Weiss et tant d'autres écrivains irréprochables ont tour à tour essuyé les injures de cet homme.

J'aurais dû penser à eux qui ont été mes maîtres et qui sont encore tous mes amis pour dédaigner les attaques du rédacteur en chef de *la Liberté*. — Maintenant, messieurs, entre M. de Girardin et moi, vous allez prononcer. Je ne vous demande plus que quelques moments de bienveillante attention.

II

J'ai dit précédemment que M. Emile de Girardin était « l'*homme des mines de Saint-Bérain.* » Il a protesté contre ces expressions ; nous vous demandons d'en apprécier la justesse.

M. de Girardin n'est pas venu s'asseoir à côté de Cleemann, *son ami* (2), sur le banc des accusés, c'est vrai. Faut-il en conclure qu'il est absolument étranger à l'affaire de Cleemann et Blum? Ces derniers ont entrepris cette affaire ; comment l'ont-ils fait connaître? par quel *intermédiaire* l'ont-ils lancée? — Par la *Presse* ; — A qui incombait la responsabilité des articles insérés dans ce journal? — à M. Emile de Girardin, rédacteur en chef et gérant responsable. Tout est là.

M. de Girardin, est-il, — je ne dirai pas le *complice moral*, comme il l'a dit lui-même (3) ; — mais mieux, M. de Girardin

(1) J'emprunte cette citation au livre d'un ami intime et personnel de M. de Girardin, M. Odysse-Barot, un honnête homme, qui scandalisé lui-même, sans doute, de ce langage, ajoute en note : (Ai-je besoin de dire qu'il ne faut pas s'arrêter à la lettre de ces violences de combat? On sait qu'en politique appeler un homme *infâme*, *scélérat*, *coquin*, cela veut dire tout simplement qu'il n'est pas de notre avis).

(2) Affaire du *Musée des Familles*. — (Voir aux documents, pièces 4, 5, 6, 7.) Plainte en escroquerie. M. Dutertre-Dana contre Emile de Girardin, Boutmy et Clemann, 6e chambre correctionnelle de la Seine. Cette affaire vint devant le tribunal du 23 au 28 mars 1838, c'est-à-dire huit mois après que les mines de Saint-Bérain eurent été annoncées par la *Presse*. M. de Girardin disait à ses juges : « J'ai donné exprès ma démission de député « pour ne pas séparer ma cause de celle de mes cogérants, de mes DEUX « AMIS. »

(3) Voir la brochure *Emile de Girardin, par un de ses actionnaires.*

est-il RESPONSABLE MORALEMENT des actes frauduleux commis par Cleemann et Blum? La dignité du journaliste a-t-elle été compromise par les articles contenus dans la *Presse* des 4 août, 16 août, 21 août et 6 septembre 1837, tous consacrés aux *Mines de Saint-Bérain?* (1)

Avant de considérer attentivement le rôle qu'a joué la *Presse* dans cette trop fameuse affaire, nous devons étudier son directeur, jeter un coup-d'œil sur sa vie, de 1830 à 1838, voir quelles étaient ses relations, ses rapports avec Cleeman surtout; nous devons observer ces deux hommes, quand ils comparaîtront côte à côte sur les bancs de la police correctionnelle. N'oublions pas que leurs noms sont attachés à plusieurs affaires plus ou moins véreuses lancées de 1830 à 1838 (2).

M. de Girardin est l'homme qui a écrit (3) : « La gloire « n'est plus qu'un mot creux ; il ne sonne pas l'argent. La Ré- « publique et Napoléon ont usé l'enthousiasme ; la fortune est « la religion du jour, l'égoïsme l'esprit du siècle. Pour surgir « de l'obscurité, il n'est plus qu'un moyen : grattez la terre « avec vos ongles, si vous n'avez pas d'outil ; mais grattez-la « jusqu'à ce que vous ayez arraché une mine de ses entrailles. »

Quand on écrit de ces choses à vingt ans, à l'âge où toutes les idées généreuses doivent sembler grandes, à cette époque de la vie où patriotisme, liberté, grandeur nationale se confondent dans les aspirations de tous les moments, que peut-on faire quand le front s'assombrit, quand les idées de fortune viennent frapper au cœur? Ce que fit M. Emile de Girardin.

Les lignes que nous avons citées plus haut sont la préface de toute sa vie.

Né dans des conditions mauvaises, il avait à lutter contre des préjugés enracinés dans toutes les classes de la société. Il avait à lutter contre de puissantes haines, des mépris sanglants, pour arriver à se faire un nom par la fortune. Il eût été si simple de s'en faire un par l'honneur! Le but le plus grand pour M. de Girardin, c'était la richesse, c'était le seul capable de lui donner de l'énergie. Mais eût-il eu des forces doubles, tout seul il n'eût pu arriver ; un aide quelconque lui était nécessaire, c'est alors qu'il s'associa (moralement) avec Cleemann.

Nous ne dirons rien de l'affaire du *Voleur*, qui ne la connaît? qui ne sait que M. Emile de Girardin fonda la *Mode* sous le patronage de madame la duchesse de Berry.....?

(1) Voir aux documents les pièces 8, 9, 8 et 9 *bis*.

(2) Pour n'en citer que quelques-unes : *Le Journal des Connaissances utiles*, l'*Institut agricole de Coetbo*, le *Panthéon littéraire*, le *Panthéon des Familles*, le papier Mozart, la *Presse*, les Mines de Saint-Bérain et de Saint-Léger.

(3) *Emile*, par Emile de Girardin. — Paris, 1827.

Nous sommes en 1836. Où en est la réputation de M. Emile de Girardin? Je laisse répondre un journal du temps :

« ... Depuis longtemps, il n'y a plus rien à prouver contre la probité de M. de Girardin ; et nous n'aurions pas remué les *saletés* qui souillent cette vie encore jeune, mais si honteusement remplie, si nous n'avions pas eu à nous défendre nous-mêmes contre d'odieuses imputations (1). »

Vous croyez peut-être, Messieurs, que cet article est empreint de partialité ; je vais vous faire répondre par une autorité dont M. de Girardin lui-même ne saurait contester l'infaillibilité, par le suffrage de tous (2).

« M. *de Girardin*. — Je demanderai à M. Pauté quelle est cette personne qui lui avait demandé à acheter ses actions dans le but d'un scandale politique? (MARQUES GÉNÉRALES D'IMPROBATION). Je ne comprends rien à ce hourrah ; si l'on veut être mon ennemi, qu'on se présente à visage découvert. »

Quel était, à cette même époque, l'état de fortune de M. Emile de Girardin ? — Il nous sera d'autant plus facile de répondre, qu'il l'avoua lui-même en plein tribunal. M. de Girardin possédait, au mois de mars 1838, 229 361 fr. C'est bien peu, expliqué comme suit :

« Voilà quinze années que je travaille plus de quinze heures par jour, Me Marie, et que, pareil à l'ouvrier qui vit du travail de ses mains, je me couche à huit heures et me lève à trois. Dormir sept heures, cela a toujours été mon plus grand luxe ; me le reprochez-vous ? »

C'était beaucoup travailler pour d'aussi petits bénéfices. Il est vrai que M. de Girardin s'occupait plus spécialement de ses amis que de lui-même.

« Si vous êtes de bonne foi, Me Marie, il est dans cette enceinte des hommes qui me connaissent depuis longtemps ; interpellez-les ; ils vous diront que, si plusieurs de mes amis (Cleemann?) me doivent une bonne partie de leur fortune, la mienne est toujours celle dont je me suis le moins occupé? (3). »

La conscience publique s'indignait à la vue des entreprises de M. de Girardin, et le pauvre homme ne voulait qu'enrichir ses amis. Il était très-désintéressé pour sa part. C'était bien à tort que l'on le dénigrait, et nous ne comprenons point que le *Courrier Français*, par exemple, traite de « malencontreuse affaire, » les *Mines de Saint-Bérain*, quand la *Presse* nous dit : C'est une entreprise d'or, c'est la fortune ; *la houille, c'est le pain de l'industrie*.

(1) Le *Charivari*, 9 septembre 1836.
(2) Affaire du *Musée des Familles*.
(3) Voir aux documents, pièce 7.

M. de Girardin dut cependant aviser au moyen d'expliquer cette réprobation générale à son égard. Il se retrancha derrière son banc de député de la *droite monarchique*, et essaya de faire d'une question privée une question politique. Il le dit lui-même à la Chambre des députés, dans la séance du 9 mars 1838 (1).

Le 27 mars de la même année, nous le verrons pleurer sur le banc des accusés de la 6e Chambre correctionnelle, à ces mots de Me Marie (2) :

« Eh quoi! Messieurs, vous condamnez aux peines de l'escroquerie le malheureux qui aura dit à sa dupe : donnez-moi 50 fr. ; j'ai du crédit, je vous ferai avoir une place; et vous renverriez indemné le spéculateur éhonté qui aura crié aux petits capitaux : Venez à moi! je vous donnerai 18, 30, 100 pour 100 : venez, j'ai 6 millions en caisse, tandis que, dans sa caisse, il n'y aurait eu que ruse, fourberie, espérances fallacieuses, qu'escroqueries enfin! Messieurs, on vous a parlé d'une fortune modeste, qu'on a cependant portée à 200 000 fr. ; moi aussi, je sais ce que c'est que de gagner de l'argent par le travail; mais je sais que, par un travail honnête, 200 000 fr. ne se gagnent pas si facilement.

Voilà donc où en était la réputation de M. Emile de Girardin, quand la *Presse* invitait les capitalistes à se rendre au plus tôt aux bureaux de la Société des *Mines de Saint-Bérain* ; il ne devait point y avoir assez d'actions pour tout le monde.

Et Cleemann ?

Cleemann était, à la même époque, l'escroc émérite qu'un jugement du tribunal de la Seine (6e Chambre correctionnelle) trouva le moyen d'acquitter, le 1er juillet 1838, mais qu'un arrêt de la Cour royale de Paris (22 août 1838) condamnait à *trois ans de prison* (3).

Quels étaient les rapports de Cleemann et du directeur de la *Presse* lors de l'entreprise Saint-Bérain ? Me Baroche nous le dit dans la plaidoirie qu'il prononça devant la Cour, le 17 août 1838.

« N'oublions pas que les premiers articles sur les *Mines de Saint-Bérain* ont paru dans la *Presse*, et l'on connaît les *relations très-particulières de M. Cleemann avec l'un des principaux propriétaires de ce journal* (4). »

Ces relations « très-particulières » ne se continuèrent pas moins après la condamnation de Cleemann ; c'est ainsi que

(1) Voir aux documents, pièce 4.
(2) Voir aux documents, pièce 7.
(3) Voir aux documents, pièce 15.
(4) Voir aux documents, pièce 12.

l'on put lire dans la *Gazette des Tribunaux* du 12 septembre 1838 (1) :

« Un journal annonce qu'une perquisition a été faite chez Mme Sophie Gay (2) par la police qui croyait y trouver le sieur Cleemann. Le fait est exact, mais il remonte déjà à plus dix jours. A la fin du mois dernier et sur les instances des mandataires des actionnaires de Saint Bérain qui croyaient, plus adroits que la police, avoir découvert la retraite d'Auguste Cleemann, des duplicata de mandats signés Fonerat leur avaient été remis. Le samedi, 1er de ce mois, M. de Moleine, procureur du roi de Versailles, fut requis de se prêter, en ce qui concerne ses attributions, à l'exécution de ces mandats. Quelques difficultés sur les mesures à prendre s'élevèrent et ce fut seulement le dimanche, 2, à quatre heures du matin, que l'on put cerner la maison n° 56, avenue de Paris, au coin de la rue de la Porte-Royale, dans laquelle, en vertu de ce mandat, on s'introduisit. Mme Sophie Gay, avertie en hâte, se leva et répondit à la sommation qui lui était faite, que l'on pouvait visiter sa demeure où nulle personne étrangère ne se trouvait pour le moment. La visite eut lieu et, en effet, bien que *des désordres d'une partie de la maison semblât résulter quelque indice d'un séjour récent*, on ne découvrit pas la personne qui était l'objet des recherches. Les agents de l'autorité se retirèrent. ... »

Sans exagérer la portée de ce document, ne pourrions-nous pas dire que les actionnaires frustrés reconnaissaient la complicité morale de M. de Girardin, par cela seul qu'ils allaient chercher le coupable condamné chez une de ses parentes? Dans tous les cas, c'était la conséquence naturelle des réclames faites par le journal la *Presse* en faveur de Cleemann.

Mais n'anticipons point. Nos raisons seront plus concluantes. On verra par ce qui va suivre que la responsabilité qui pèse sur le directeur de la *Presse* est assez grande pour nous permettre de le qualifier de ce nom : l'*homme des Mines de Saint-Bérain*.

Constatons les faits, et voyons ensuite si l'on peut appliquer *mordlement* à la conduite de M. de Girardin les articles 59, 60 et 61 du Code pénal, relatifs à la complicité.

Le 3 août 1837 le *Temps* contenait un article dont il convient de citer les premières lignes pour en étudier la portée (3).

Des voies de communication dans leurs rapports avec nos richesses minérales.

« Nous désirons vivement que le voyage que va faire M. le
« ministre du commerce en Angleterre apporte quelque soula-

(1) Voir aux documents, pièce 16.
(2) On sait que Mme Sophie Gay était la belle-mère de M. Emile de Girardin.
(3) Voir aux documents, pièces 8, 9, 8 et 9 *bis*.

« gement à plusieurs de nos industries qui ne seraient point « en souffrance si le gouvernement français avait suivi à leur « égard l'exemple de nos voisins.

« M. Martin (du Nord), se propose de visiter les grandes « voies de communication établies de l'autre côté du dé- « troit...

« Eh bien ! il est en France, et on l'ignore trop générale- « ment, un très-grand nombre de concessions de houille qui « ne pourraient que difficilement soutenir les conséquences « de la loi, si l'on ne se hâtait d'ouvrir à leurs produits des « débouchés sûrs et faciles.

« Nous n'en citerons que quelques-unes. »

Suit une énumération...

« ... Le bassin d'Epinac (Saône-et-Loire.) »

Le 6 août 1837, on lisait aussi dans le *Temps* :

Un faux en matière de publicité.

« Nous devons signaler au public une mesure indigne, à laquelle on vient d'avoir recours, et qui malheureusement n'est pas employée pour la dernière fois. En citant l'extrait d'un article du *Temps* sur les voies de communication où il n'est question que de faits généraux, on a cousu à cet article un lambeau d'annonce dans lequel on nous fait prôner des actions de mines dont nous n'avions pas à parler. Des recommandations que nous n'avons point faites, des noms de banquiers que nous n'avons pas prononcés ont été présentés au public sous notre garantie.

« C'est un mensonge grossier. C'est une manœuvre qui passe toutes les bornes de *l'habileté industrielle*. Ainsi, après avoir rapporté un alinéa qui se trouve réellement dans notre article, on y ajoute, en continuant les guillemets :

« Les mines de Saint-Bérain et de Saint-Léger, qu'une réu- « nion de capitalistes vient d'acquérir récemment, sont égale- « ment situées dans le département de Saône-et-Loire, arron- « dissement de Châlon-sur-Saône, et dans le même bassin « qu'Epinac.

« Ces mines, qui offrent une étendue de cent-vingt kilo- « mètres carrés et de vingt mille hectares, sont la concession « la plus vaste que la loi permette d'accorder. Elles ont été « dernièrement visitées par un habile ingénieur des mines, « envoyé sur les lieux par les nouveaux acquéreurs. Plusieurs « exemplaires de son rapport, qui vient d'être imprimé, cir- « culent déjà dans quelques mains. On assure qu'une compa-

« gnie, pour l'exploitation de cette importante concession, est « sur le point de se former, et qu'avant même la rédaction « de l'acte de société, les *quatre cinquièmes* des actions ont « été retenus chez les banquiers chargés de leur émission, « parmi lesquels se trouve M. A. Cleemann (1), à qui les « belles usines de Charenton-le-Pont doivent leur retour à la « prospérité. En peu de mois les actions de Charenton-le-« Pont ont gagné 10 pour cent de prime, sans l'aide d'au-« cun agiotage. »

« Ce dernier passage est essentiellement faux. L'uniformité de rédaction révèle le but intéressé de cette citation, qui se trouve *textuellement la même dans tous les journaux qui l'ont accueillie sur la foi de notre journal.*

« Nous protestons énergiquement contre cet odieux abus, et nous engageons nos confrères à reproduire notre démenti, qui intéresse leur *probité de journaliste* autant que la nôtre. »

Je crois, messieurs, que cette affaire est, de toutes celles qui composent le dossier de M. de Girardin, celle qui mérite le plus votre attention.

On avait nommé, dans l'article du *Temps*, toutes les mines qui, étant données des routes, eussent pu fournir de la houille à l'industrie et des résultats sérieux pour les actionnaires. Les mines de Saint-Bérain et Saint-Leger n'y étaient point même désignées. L'affaire des mines de Saint-Bérain était de celles que tout homme honnête et tout journaliste consciencieux trouvait frauduleuses. Pas un journal du temps ne voulut, sous sa responsabilité, pousser les capitalistes à s'engager dans cette escroquerie. Loin de là. Le *National*, le *Courrier français* la traitèrent de « malencontreuse. » Le *Temps* et le *Siècle* s'abstenaient. Pourtant il fallait une autorité plus compétente que celle de la *Presse*, dont le rédacteur en chef était l'ami de Cleemann, le banquier-lanceur de l'affaire Saint-Bérain et des journaux dont les colonnes s'ouvrent à toutes les entreprises douteuses, le *Journal de la Bourse* et l'*Actionnaire*. Les capitalistes devaient s'étonner du silence de la presse honnête à ce propos, et les actions rester en caisse, si l'on ne tentait un grand coup.

C'est alors que, le 4 août 1837, on put lire à la seconde page de la *Presse*, (et non pas à la quatrième, consacrée aux

(1) Cleeman, c'est l'ami de M. de Girardin ; comme M. le directeur de la *Presse* se hâte de louer les entreprises commerciales de son ami, de cet ami qui, un an après, sera condamné à trois ans de prison pour escroquerie.

annonces), entre l'article *chronique* et un article sur l'Algérie (1) :

« Le fait suivant est extrait d'un article publié ce matin dans le *Temps*, sur les voies de communication :

« Le bassin d'Epinac (Saône-et Loire).... » (Suivent deux alinéa relatifs à l'exploitation des mines de houille contenues dans ce bassin, auxquels on avait greffé les lignes déjà citées sur les mines de Saint-Bérain et de Saint-Léger.)

De quoi s'agit-il, dans tout l'alinéa de la *Presse ?* des voies de communication ? des mines du bassin d'Epinac (Saône-et-Loire)? Non, le but de l'article, publié en évidence à la première colonne de la seconde page de la *Presse*, est de lancer les mines de Saint-Bérain et de Saint-Léger ; et qu'a-t-on écrit en tête :

« Le fait suivant est extrait d'un article publié, ce matin, « dans le *Temps*. »

Qu'a-t-on répondu devant la Cour, quand on a été interrogé sur ce fameux article? — C'est une erreur typographique ; on a, à tort, continué les guillemets. — Mais, dans ce cas, si l'article était vraiment d'un rédacteur de la *Presse*, et si l'on n'avait en rien l'idée de le produire sous le masque du *Temps*, pourquoi écrire en tête : *Le fait suivant est extrait du Temps*? Pour les deux alinéa relatifs au bassin d'Epinac? — Mais ils ne sont là que pour frapper l'œil, pour couvrir la réclame Saint-Bérain.

Les rédacteurs d'un journal, connaissant leurs articles, jettent, quand ils se voient cités, un coup d'œil sur les premières lignes, et passent à l'article suivant. Le rédacteur du *Temps* se méfiait peut-être. Tout le monde n'avait pas confiance dans la *Presse* alors. Il se rendit compte et vit le *faux en matière de publicité* qui, croyait-on, resterait inaperçu.

Il n'y a qu'à jeter un coup-d'œil sur cet article, pour apprécier l'acte du rédacteur de ce journal. Voici, j'en suis sûr, l'excuse que M. de Girardin va vous présenter : cet article avait été communiqué à la *Presse* par une agence de publication.

Mais le rédacteur en chef d'un journal, quand il en est aussi le gérant, est-il, *oui* ou *non*, responsable de ce que contient son journal? — Prête-t-il, *oui* ou *non*, son nom pour couvrir une entreprise, quand cette entreprise se trouve encouragée dans une publication dont il est la personnalité? — Il y a des journaux qui, ouverts à toutes les opinions, laissent à leurs rédacteurs toute leur liberté, le *Figaro*, le *Gaulois*, par exemple.

(1) Voir aux documents, pièces 8 et 9 *bis*.

En a-t-il jamais été ainsi des journaux de M. de Girardin? La *Presse* et la *Liberté* ont-elles jamais été autre chose que l'organe de M. de Girardin seul?

Est-il donc admissible, en droit, que le faux cité soit le fait de Justin, l'agent de publicité, le faiseur d'annonces? M. de Girardin est-il homme à insérer dans son journal des lignes dont il ne connaît point la portée? — Et, quand il en serait ainsi, en aurait-il moins la responsabilité? — Si, par exemple, l'agence Havas communiquait une dépêche tombant sous le coup de la loi, on poursuivrait le gérant de l'agence et le gérant du journal qui l'aurait insérée. L'agence Havas signant ses communications, le journal ne serait poursuivi que comme complice. — Mais, dans une agence d'annonce, de réclame, de publicité, en un mot, les gérants ne signant point, qui endosse la responsabilité, sinon le gérant du journal, et le gérant du journal seul?

Qu'appelle-t-on une annonce? — Une espèce d'affiche en petit format, qu'on insère à la quatrième page d'un journal, parce qu'un journal, passant dans beaucoup de mains, met sous les yeux de beaucoup de lecteurs soit le nom d'un commerçant, soit le programme d'une entreprise nouvelle.

La loi, dans ce cas, ne fait pas de différence entre une quatrième page de journal et une colonne du boulevard; elle impose une patente à l'entrepreneur d'affichage, un timbre à l'affiche. Les annonces, n'étant autre chose dans un journal que de petites affiches, et les colonnes de la quatrième page, que le mur sur lequel on les colle, rentrent dans le droit commun. Mais il est une chose que la loi ne considère point ainsi; c'est la réclame. Rédacteur d'un journal, j'ai à me louer d'un commerçant qui m'a bien servi; je le constate dans un article, c'est mon droit. Une affaire se lance; je la crois bonne, je la recommande à mes lecteurs; c'est encore un droit que l'on ne saurait me contester. Quel sera pour la réclame le rôle de l'agent de publicité, sinon celui de distributeur de prospectus au coin d'une rue; il me dit : telle entreprise est en train; libre à moi de l'encourager, de l'accuser, de n'en parler point,

Or, la *Presse* s'est-elle contentée d'insérer des annonces, à la quatrième page, dans l'affaire Saint-Bérain? — Non; elle a au contraire, loué l'entreprise de Saint-Bérain, promis des dividendes considérables, des intérêts fabuleux.

Vous l'avez vu, *la Presse* rentre dans cette voie par un faux; suivons-là, Messieurs, si vous le voulez bien.

Le 10 avril, c'est tout le rapport de M. Théodore Virlet

qu'elle publie. Elle lui consacre quatre de ses colonnes. M. Virlet, c'est cet homme que M. de Girardin fait appeler « *un habile ingénieur des mines* » par *le Temps*.

Le 13 août, ce n'est plus qu'un extrait du rapport Virlet, sous ce titre général :

Houilles. — Mines de Saint-Bérain et de Saint-Léger
(Saône-et-Loire).

et sous ces titres divers, en caractères saillants :

Situation, — Etendue, — Qualité, — Abondance, — Débouchés et voies de transport.

Le numéro de *la Presse* de ce jour était signé : le rédacteur en chef, gérant responsable, *Emile de Girardin*.

Nous devons attirer toute votre attention, Messieurs, sur ce point. M. de Girardin pourrait-il nous expliquer pourquoi, quand il ne s'agissait plus d'un extrait d'un autre journal, ou d'un rapport signé (4 août et 10 août), quand il s'agissait d'une recommandation de *la Presse*, il signait lui-même son journal? M. Boutmy le signait dans tous les autres cas.

Le 21 août, *la Presse* insérait un rapport de *l'Actionnaire* sur les mines de Saint-Bérain et le faisait précéder de ces lignes caractéristiques (1) :

« Dans ce moment où l'attention de tout le monde, éveillée par la publication des journaux, se porte avidement sur la mise en action des Mines de Saint-Bérain et de Saint-Léger (Saône-et-Loire), les *hommes prudents, sérieux, économes* que les rapports d'ingénieurs distingués ont déjà favorablement disposés, doivent ressentir le besoin de savoir juste à quoi s'en tenir *sur la partie financière de cette entreprise*. Or, voici un document qui s'adresse précisément aux hommes d'affaires proprement dits ; *à ceux qui ne veulent rien donner ou, qui, avant d'agir, prétendent s'éclairer et juger à fond et à froid*, c'est le rapport de *l'Actionnaire*, jugement impatiemment attendu et qui n'a été rendu qu'après l'enquête la plus sévère par ce rigoureux contrôleur des sociétés en commandite. Ainsi se trouve succinctement jugée l'exploitation des Mines de Saint Bérain et de Saint-Léger :

« 1° Comme AFFAIRE SPÉCIALE, par les hommes de l'art ;

« 2° Comme AFFAIRE FINANCIÈRE, par les hommes compétents en matière de société par actions et de contentieux.

« Au surplus, avant très-peu de jours, l'affaire aura eu pour juge un arbitre souverain, le succès ! car il ne restera plus d'actions à placer, que celles que l'appât d'un bénéfice à réaliser immédiatement fera changer de mains. »

Ce numéro, veuillez, Messieurs, le bien remarquer, était signé *Emile de Girardin*. La loi Tinguy n'avait point encore

(1) Pour cette citation et pour tout ce qui a trait aux articles publiés par la *Presse* sur les Mines de Saint-Bérain, voir aux documents, pièce 10.

assujetti les journalistes à la signature. C'est sur un seul nom que repose toute la responsabilité d'un journal. Déjà, deux fois, nous avons trouvé celui de M. de Girardin servant d'estampille à ces réclames frauduleuses suspectes; car l'acte commis ayant été taxé de fraude par la Cour d'appel, il nous est permis d'appliquer le mot suspect à l'acte qui l'a, pour ainsi dire, déterminé.

Résumons :

Nous avons trouvé dans *la Presse* du 4 au 21 août :

1° Un *faux en matière de publicité* relatif au lancement des mines de Saint-Bérain;

2° Un rapport d'ingénieur tendant à prouver que jamais entreprise ne s'était montrée sous de meilleurs auspices que celle des mines de Saint-Bérain ;

3° Une macédoine adroitement composée avec des lambeaux de ce rapport ;

4° Enfin, l'article du 21 août, cette préface de *la Presse* à un rapport de *l'Actionnaire.*

Et, de tout cela, que résulte-t-il ?

Que, toutes les fois que *la Presse* a inséré quelque chose de sien, ou de fait sien par la façon dont elle l'a remanié, on l'a *mise* sous la responsabilité de son rédacteur en chef.

Le *Temps* du 23 juin 1838 écrivait : « L'un des avocats qui ont porté la parole hier dans l'affaire des mines de Saint-Bérain, ayant cité un article publié dans le *Temps*, le 6 août 1837, nous croyons devoir reproduire cet article. »

La *Presse* se taisait toujours.

— Affaire du *Musée des Familles*. — Me *Marie*. — « Que vous a-t-on dit hier? Que M. de Girardin avait provoqué des explications à la tribune ? Qu'il avait demandé à la Commission de l'éclairer ? Mais est-ce qu'il n'est point vrai qu'après avoir refusé les explications de M. Pétard, on a admis les explications de M. E. de Girardin et les pièces qu'il produisait ? Est-ce qu'il n'est pas vrai qu'après cela on est venu dire à la Chambre que toute accusation avait pris sa source dans des passions politiques? Ah ! Messieurs.....

— Voir *Charivari* du 9 septembre 1836, aux documents, pièce 3.

— Pour juger de la conduite de la *Presse* durant les débats relatifs à l'affaire des Mines de Saint-Bérain, voir la pièce 14, toujours aux documents.

La *Presse* ne rouvrit ses colonnes que pour publier la relation *in extenso* du jugement en première instance qui acquittait Cleemann et Blum. — Pourquoi n'en fut-il point ainsi, le 23 août, pour l'arrêt de la cour qui les condamnait pour escroquerie à la prison et à l'amende ?

Certes, M. de Girardin n'avait point été aussi concis quand, le 6 septembre 1837, il publiait, dans un supplément à son journal, ce prospectus-monstre dont on a tant parlé. Pour nous, qui n'avons pu nous procurer ce supplément, nous le décrirons seulement avec M. Baroche.

« Je ne parlerai pas de ces éloges outrés dans lesquels il est dit que la *houille est le pain de l'industrie*, ni de ces images gravées sur bois où l'on montrait l'intérieur des mines de Saint-Bérain. On y voit quatre cheminées qui fument, et, comme il n'y a jamais eu que trois machines à vapeur en activité, il faudrait retrancher la quatrième cheminée fumante; il faudrait aussi retrancher le chemin de fer du puits de la Guyère, qui était alors inondé... »

Nous ne pouvons croire que ce supplément ait été fourni à la *Presse* par une agence de publicité, bien que nous ayons déjà démontré que cela ne dégageait en rien la responsabilité morale de M. Emile de Girardin. De l'examen sérieux des numéros de son journal, il résultera une chose : qu'il n'y a qu'une annonce, *une seule* qu'on puisse ranger parmi les annonces ordinaires, qu'une affiche de la quatrième page, c'est celle du 16 août 1837. Cette annonce, confondue avec les chocolats et les poudres insecticides, vient d'une agence de publicité, nous ne saurions le contester.

Mais tous les autres articles sont bien de ceux dont le gérant est responsable; payés par M. Cleemann, nous ne disons point le contraire. Ce mémoire ne tend pas à prouver que M. de Girardin s'intéressait platoniquement aux mines de Saint-Bérain et de Saint-Léger. De ce que les articles dont nous avons parlé apportaient de l'argent à la caisse du journal la *Presse*, faut-il conclure que les payeurs seuls étaient responsables?

M. de Girardin a, dans un but intéressé, donné de la publicité à des pièces frauduleuses; il a de plus sollicité l'argent des capitalistes, entraîné la fortune d'autrui dans une affaire peu sérieuse et où elle devait fatalement s'engloutir. Traduisons :

M. de Girardin a procuré des actionnaires à Cleemann et Blum dans l'entreprise des *mines de Saint-Bérain et Saint-Léger;* l'entreprise des mines de Saint-Bérain et Saint-Léger était une escroquerie, c'est la Cour qui l'a dit : M. de Girardin ayant recommandé l'affaire aux lecteurs de son journal, il a été leur complice *moral*, et à ce titre, il mérite d'être qualifié « d'homme des mines de Saint-Bérain. » Les autres sont les condamnés de Saint-Bérain.

Si je suis complice moralement de Cleemann et Blum, pourquoi n'ai-je point été traîné avec eux sur les bancs de la correctionnelle, objectera sans doute M. de Girardin ?

Il suffit de connaître les premières notions du droit, pour savoir que, dans toute action mauvaise, il y a deux choses, l'illégalité et l'immoralité. Une chose immorale peut parfois n'être point illégale; sans frapper l'homme qui l'a commise d'une peine infamante ou afflictive, la société le frappe dans son honorabilité. Combien d'homme que nous ne tenons point pour honorables et qui pourtant n'ont jamais encouru les rigueurs de la loi! L'homme qui vend sa conscience, sa plume; l'agent de police secrète qui vend son honnêteté, ne sont point passibles d'une peine légale; ils n'en sont pas moins mis au ban de la société.

L'opinion publique s'est déjà prononcée à propos du rôle de M. de Girardin, dans le *lancement* de l'entreprise de Saint-Bérain et Saint-Léger. La preuve? la voici : Il n'a point été fait une biographie de lui qui n'ait parlé de cette affaire. Si le nom de M. de Girardin n'y eût pas été compromis, pourquoi l'y aurait-on mêlé et l'y mêlerait-on sans cesse?

M. de Girardin est l'homme des mines de Saint-Bérain; vous le verrez, messieurs, en jetant un simple coup-d'œil sur les documents joints à ce mémoire. Si l'article 405 du code pénal et les articles 59, 60 et 61 ne lui ont point été appliqués! c'est que sa responsabilité n'est que morale. Une autorité compétente, M. Berryer, l'expliqua fort bien, le 23 juin 1838, à l'audience de la police correctionnelle.

« *L'exagération, l'artifice, le charlatanisme même ne constituent point le délit*, avec quelque honte qu'on doive subir l'accusation d'avoir recouru à de pareils procédés, on n'est pas pour cela passible de l'article 405 *Pour en être passible, la dissimulation, l'artifice, le charlatanisme ne suffisent pas.* Me Delangle a bien posé les principes, c'est le germe de la mauvaise foi, c'est l'usage des manœuvres frauduleuses. Il faut des faits positifs matériels, tendant à mettre en défaut la prudence de ceux qui contractent. »

Le journal de M. de Girardin *a exagéré, trompé, fait des réclames à un charlatan*, mais enfin son rédacteur en chef n'a point mis des actions Saint-Bérain dans le portefeuille des actionnaires, en leur arrachant l'argent de la poche.

C'est à démontrer cela seulement que peut tendre toute la défense de M. Émile de Girardin.

Les preuves que nous donnons de la part qu'il a prise au lancement de cette affaire des mines de Saint-Bérain et Saint-Léger, sont concluantes.

Que va dire M. de Girardin? ce qu'il a déjà dit : que le tribunal ne l'ayant en rien nommé dans son jugement, on n'a pas le droit de le faire intervenir dans une affaire à laquelle il est complétement étranger?

M. de Girardin, nous le répétons, messieurs, ne supporte qu'une responsabilité morale.

Vous répondra-t-il que son nom n'étant pas placé à côté de ceux de Cleemann et de Blum, on n'a pas le droit de le confondre avec eux.

Et Louis Cleemann (1) non plus n'a point été condamné, l'ingénieur Virlet non plus; cela, messieurs, a-t-il empêché la Cour de dire du premier « *qu'il a prêté son nom à une spécula-* « *tion criminelle,* » et du second « *qu'entraîné par la fai-* « *blesse la plus coupable,* il a facilité une des manœuvres « frauduleuses employées dans la cause. (Voir aux documents la pièce 15.)

Conséquemment il m'est permis, à moi journaliste, à moi indignement insulté par M. Emile de Girardin, il m'est permis de dire, après avoir exposé les faits qui précèdent, du rédacteur de la *Presse* de 1837, aujourd'hui rédacteur en chef de *la Liberté*, qu'il est *l'homme des mines de Saint-Bérain.*

Vous composez, messieurs et honorables confrères, avec le public, mon jury d'honneur. C'est à vous de prononcer. J'ai foi dans votre jugement, parce que, quel qu'il soit, ce sera celui d'honnêtes gens jugeant dans toute l'indépendance de leur conscience.

ANATOLE DE LA FORGE.

(1) Le frère de A. Cleemann.

DOCUMENTS A L'APPUI DU MÉMOIRE

TABLE

1

LES COMPLICES (Code Pénal — Loi du 23 février 1810).

Art. 59. — Les complices d'un crime ou d'un délit seront punis de la même peine que les auteurs même de ce crime ou de ce délit, sauf les cas où la loi en aurait disposé autrement.

Art. 60. — Seront punis comme complices d'une action qualifiée crime ou délit, ceux qui, par dons, *promesses*, menaces, abus d'autorité ou de pouvoir, *machinations* ou *artifices* coupables, auront provoqué à cette action ou donné des instructions pour la commettre (1).

Ceux qui auront procuré des armes, des instruments, ou tout *autre moyen qui aura servi à l'action, sachant qu'ils devaient y servir;*

Ceux qui auront, avec connaissance, *aidé ou assisté* l'auteur ou les auteurs de l'action, *dans les faits qui l'auront préparé ou facilité*, ou dans ceux qui l'auront consommé, sans préjudice des peines qui seront spécialement portées par le présent code contre les auteurs de complots ou de provocations attentatoires à la sûreté intérieure ou extérieure de l'État, même dans le cas où le crime qui était l'objet des conspirateurs, n'aurait pas été commis.

Art. 61. — Ceux qui, connaissant la conduite criminelle des malfaiteurs exerçant des brigandages ou des violences contre la sûreté de l'État, la paix publique, *les personnes ou les propriétés*, leur fournissent habituellement logement, lieu de retraite ou de réunion, seront aussi punis comme complices de ce crime ou de ce délit.

2

PLAIDOIRIE DE BERRYER.

L'exagération, l'artifice, le charlatanisme même, ne constituent point le délit; avec quelque honte qu'on doive subir l'accusation d'avoir recours à de pareils procédés, on n'est pas pour cela passible de l'art. 405 (2). Pour en être passible, la dissimulation, l'artifice, le charlatanisme ne suffisent pas. Me Delangle a bien posé les principes; c'est le germe de la mauvaise foi, c'est l'usage des manœuvres frauduleuses. Il faut des faits positifs, matériels, tendant à mettre en défaut la prudence de ceux qui contractent.

(Affaire des mines Saint-Bérain, audience du 23 juin 1838. — *Gazette des Tribunaux* du 24 juin 1838.)

3

On lit dans le *Charivari* du 9 septembre 1836.

«... Avant qu'il fût député, M de Girardin conçut la pensée de l'institut de Coëtbo. Tout en réservant cette onéreuse mystification aux actionnaires, M de Girardin voulut en même temps prélever la modique somme de 30,000 fr. sur la masse des contribuables. A cette fin, il dépêcha un de ses affidés au ministre du commerce d'alors.

(1) Loi du 25 septembre et 6 octobre 1791. — Art. 2. Lorsqu'un crime aura été commis, quiconque sera convaincu d'avoir provoqué directement à le combattre, soit par des discours prononcés dans les lieux publics, soit par des placards ou bulletins affichés ou répandus dans lesdits lieux, *soit par des écrits rendus publics par la voie de l'impression*, sera puni de la même peine prononcée par la loi contre les auteurs du crime.

(2) Art. 405. Quiconque soit en faisant usage de faux noms ou de fausses qualités, soit en employant des manœuvres frauduleuses pour persuader l'existence de fausses entreprises, d'un pouvoir ou d'un crédit imaginaire, ou pour faire naître l'espérance ou la crainte d'un succès, d'un accident ou de tout autre événement chimérique, se sera fait remettre ou délivrer des fonds, des meubles ou des obligations, dispositions, billets, promesses, quittances ou décharges, et aura, par un de ces moyens, escroqué ou tenté d'escroquer la totalité ou partie de la fortune d'autrui, sera puni d'un emprisonnement d'un an au moins, et de cinq ans au plus, et d'une amende de cinquante francs au moins, et trois mille francs au plus.

Comme le ministre se montrait peu convaincu, l'entremetteur crut emporter la place en disant que M de Girardin allait arriver à la députation, et que, pour la bagatelle de 30.000 fr., on pouvait s'assurer un député bien pensant. — 30.000 fr.! répondit le ministre, c'est trop cher ; M. de Girardin s'est offert pour moitié moins.

« Beaucoup d'autres faits nous ont été signalés. Une personne, par exemple, raconte que, lors de l'invasion du choléra, M. de Girardin eut l idée d'ouvrir une souscription en faveur des malheureux atteints par le fléau. Cette personne tient beaucoup à ce que nous demandions à M de Girardin ce que sont devenues les sommes assez fortes qu'il a reçues pour cet objet.

« Mais nous avons hâte d'en finir, pour nous et pour le public. Depuis longtemps, d'ailleurs, il n'y a plus rien à prouver contre la probité de M. de Girardin ; et nous n'aurions pas remué les saletés qui couvrent cette vie encore jeune, mais si honteusement remplie, si nous n'avions pas eu à nous défendre nous-même contre d'indignes imputations.

« Maintenant, il nous reste un autre devoir à remplir. Quand le moment sera venu, et le plus tôt possible, nous en ferons connaître la nature à M. de Girardin ; et, quelque bien pris que soit son parti de se reposer désormais sur son horrible trophée, nous saurons faire en sorte qu'il n'en soit pas quitte, comme il l'espère et le dit, pour consacrer périodiquement quelques colonnes de son journal à répandre impunément l'injure et la calomnie. »

4

(Séance de la Chambre des Députés du 5 mars 1838).

M. de Jussieu fait un rapport sur la demande de M. Dutertre-Dana en autorisation de poursuites contre M. de Girardin.

Messieurs, dit-il, une question grave était soumise à votre commission, car elle touche à l'honneur d'un des membres de cette chambre ; elle a donc dû apporter à cet examen l'attention la plus scrupuleuse. Voilà les faits tels qu'ils sont exposés dans la demande. M. Dutertre-Dana a reçu le prospectus d'une entreprise fondée par MM. de Girardin, Cleemann et Boutmy. Cette entreprise avait pour but la publication du *Musée des familles.* Le fonds social était de 300,000 francs et le sieur Dutertre-Dana se plaint de ce que, dans le prospectus, auquel on avait ajouté une copie de l'acte de société, on avait mis cette énonciation que 150 actions de 1,000 francs avaient été souscrites par MM. de Girardin, Cleemann et Boutmy, que dans cette persuasion il avait souscrit pour huit actions, pour prix desquelles il a versé la somme de 8,000 francs.

Au bout de la première année, il reçut un dividende de 18 p. 100. Mais lorsque, plus tard, il fallut rendre compte aux actionnaires de la position de l'entreprise, on trouva que les dividendes qui avaient été versés avaient été prélevés sur le fonds social, et l'examen du compte, aussi bien que de l'acte de société, firent reconnaître que l'article de l'acte de société, relatif aux 150 actions, n'avait pas été exactement reproduit dans le prospectus, et qu'au lieu d'avoir souscrit pour ces 150 actions, et d'en avoir versé le prix ces actions avaient été attribuées à MM. Cleemann, Boutmy et de Girardin, qui avaient fondé la société, et y avaient réuni la propriété du journal intitulé le *Père de famille*. Dans ces faits le sieur Dutertre-Dana croit trouver le délit d'escroquerie, et il a demandé à la chambre l'autorisation de poursuivre.

En réponse à cette demande, le sieur Cleemann a adressé au président de votre commission, en le priant d'en donner connaissance à ses collègues, une lettre par laquelle il pose en fait que M. de Girardin n'a jamais eu connaissance des prospectus, et qu'il n'a pris part aux opérations de la société qu'une fois par an, pour signer le compte-rendu. Il soutient qu'aussitôt la délivrance de ses actions, M. Dutertre-Dana a pu prendre connaissance de l'acte de société, puisqu'il avait été imprimé en marge des actions. Enfin, il ajoute que le porteur de ces actions n'a pu souffrir aucun préjudice, puisque le sieur Desrez, acquéreur de la publication du *Musée des familles*, a été chargé de désintéresser les actionnaires, et que des offres ont été faites au sieur Dutertre-Dana, que dès lors ce n'est pas un intérêt pécuniaire qui a fait agir le sieur Dutertre-Dana, mais un esprit de tracasserie et le désir de provoquer du scandale.

Ces deux pièces ont été officiellement remises à votre commission, qui, sans rechercher de nouveaux documents, de nouvelles pièces, a cependant consulté la polémique qui s'est engagée, et nous avons dû lire tout ce qui a été inséré dans les journaux; mais la commission n'a pas pensé qu'elle dût s'occuper en aucune manière de la question au fonds; car, dans ce cas, la décision qu'elle aurait prise aurait pu former un préjugé pour l'une ou pour l'autre des parties; elle a donc pensé devoir se borner à examiner si la dignité de la chambre était intéressée à autoriser la poursuite; s'il y avait ou non péril pour les intérêts des parties.

La commission a considéré que si on avait attendu pendant quatre années pour former une demande, on pouvait bien différer l'instance pendant quatre mois encore; que les intérêts pécuniaires n'étaient pas compromis, puisque des offres avaient été faites au sieur Dana, qui n'a pas voulu les accepter.

La commission a donc pensé que si on a préféré la voie criminelle à celle civile; si on n'a pas accepté les offres qui étaient faites de remboursement, c'est qu'on avait un intérêt autre que l'intérêt civil. Votre commission a donc pensé qu'il n'y avait pas d'urgence, et elle vous propose de ne pas accorder l'autorisation.

Dans le procès qui se plaida le 26 mars devant la 6e chambre, Me Marie prononça ces paroles :

« M. l'avocat du roi et mon éloquent adversaire se sont étonnés du blâme que, selon eux, j'aurais jeté sur la commission de la chambre des députés, mais est-ce qu'il n'est pas vrai que cette commission, qui a refusé d'entendre M. Pétard, qui frappait à sa porte pour lui donner des renseignements propres à l'éclairer, a depuis entendu M. de Girardin dans ses explications? Est-ce que ce sont là l'impartialité, la loyauté du juge ? Et quand M. de Girardin nous a reproché d'apporter dans ce procès des passions et des haines politiques, est-ce que nous n'avons pas pu lui répondre qu'il avait, lui, des protecteurs et de puissants protecteurs politiques.

(*Droit*, 28 mars 1838).

Le rapport conclut favorablement pour M. de Girardin. M. de Girardin monta à la tribune pour remercier les membres de la commission et pour dire que ces accusateurs étaient poussés uniquement par des haines politiques.

M. Larabit monte à la tribune après lui : Il déclare qu'ayant reçu de M. Petard des exemplaires d'actions essentiellement différentes de celles produites par M. de Girardin, il avait demandé une nouvelle réunion de la commission, mais que le président s'y refusa. M. de Girardin prétend que la différence entre les deux modèles d'actions provient d'un simple coup de ciseau qui peut avoir été donné par les accusateurs. M. Larabit soutient que cette explication n'est pas acceptable. M. de Girardin demande le renvoi à la commission. La chambre décide seulement qu'on n'autorisera pas les poursuites.

(*Séance du 9 mars* 1838).

Le 10 *mars, on lut à la chambre des députés la lettre suivante de M. Emile de Girardin.*

« Monsieur le président.

« J'ai l'honneur de vous prier de vouloir bien faire agréer ma démission à la chambre, et la remercier en mon nom du témoignage d'estime et de confiance que j'ai reçu d'elle dans la séance d'hier ; mais je croirais n'avoir rempli que la moitié de mon devoir en cette circonstance, si, après avoir résisté avec fermeté à mes ennemis, je ne soumettais pas ma conduite à l'enquête et à l'approbation de mes commettans.

« Cette seconde épreuve aura l'avantage de donner à toutes les réclamations qu'il plaira d'élever contre moi la liberté de se produire judiciairement, sans retard et sans obstacle, et ainsi leur ôtera tout prétexte de se plaindre d'une prérogative à l'abri de laquelle je n'ai consenti à me placer un seul jour qu'après avoir fait violence à mes sentiments, et qu'afin de pouvoir opposer le nombre des épreuves à l'indignité des attaques.

« La chambre en faisant noblement son devoir m'a impérieusement tracé le mien ; je le remplis : le respect qu'elle devait au maintien de sa dignité a dicté hier sa conduite ; la mienne aujourd'hui m'est imposée par l'honneur.

Veuillez agréer... E. DE GIRARDIN.

Ancien député de la Creuse.

5

TRIBUNAL CORRECTIONNEL DE LA SEINE (6e CHAMBRE.)

Présidence de M. Moure. — Audience du 32 mars.

Plainte en escroquerie. — M. Dutertre-Dana contre MM. Emile de Girardin, Boutmy et Cleemann.

Droit, 23 et 28 mars 1838.

Défenseurs MM. Paillet et Paillard de Villeneuve.— Me Marie porte la parole au nom de M. Dutertre-Dana malade mais représenté par

M. Couteau, son gendre et par M. Camille Pétard, avoué, son fondé de procuration spéciale.

M. le président. — M. de Girardin, vous connaissez la plainte portée contre vous; tout le monde la connaît ici, à moins que vous ne le désiriez donc, il n'en sera pas donné lecture. Avant que nous procédions à l'audition des témoins, je vous invite à donner quelques explications sur les quatre griefs principaux dans lesquels cette plainte peut se résumer : 1° Vous auriez, une première fois, distribué à vos actionnaires dix-huit pour cent au moment où la société ne faisait pas de bénéfices réels, en sorte que ce prétendu dividende aurait été pris non sur les bénéfices, mais sur le capital social; 2° l'acte de société ne serait pas parvenu à tous les actionnaires avec le prospectus; 3° l'acte de société placé en marge de certaines actions ne l'aurait pas été en marge de certaines autres et particulièrement de M. Dutertre Dana; 4° Il existerait une différence notable entre la rédaction de l'art. 9 dans l'acte de société et celle du même article contenu dans ce prospectus.

M. de Girardin. — Lorsque, au mois de mars 1834, nous avons écrit à plusieurs de nos anciens correspondants des *Connaissances utiles*, *le Musée des familles* comptait cinq mois d'existence, et la position de cette entreprise, à laquelle nous leurs offrions de prendre part, était réellement des plus satisfaisantes. Il est une observation importante à présenter au tribunal : c'est que dans les journaux et les publications par livraisons, l'encaissement précède la confection de la livraison des produits. Au bout du premier trimestre, par exemple, nous avons pu distribuer 18 p. 100 à nos actionnaires sans nuire à l'entreprise, et sans attendre toutefois que nous fussions rentrés dans le capital social, *ce que l'on n'attend jamais dans ces sortes d'affaires.*

Par exception, le prospectus que nons avons lancé disait la vérité, et restait peut-être en deça. Sur 200 actions, 39 seulement restaient à placer, et certes notre but, en lançant le prospectus, n'a pas été d'attirer des capitaux si minimes, et dont nous n'avions pas besoin (1).

Le *Magasin pittoresque*, à l'époque dont je parle, réunissait quatre-vingt mille abonnés. De 1000 francs, ses actions étaient montées à 10,000 francs. Les actionnaires des *Connaissances utiles* me pressèrent de fonder une publication du même genre. *Je n'aime pas à faire des concurrences; on m'accordera que j'ai créé plus d'idées que je n'en ai copiées.* Forcé de copier ce que d'autres avaient fait avant moi, j'ai voulu du moins innover dans les détails. J'imaginai donc de créer cent actions dites de jouissance, qui seraient données gratuitement à chacun des libraires qui aurait amené 1000 souscripteurs. Nous avons 86 départements. Si donc un libraire, dans chaque département, avait déployé le zèle que je voulais ainsi stimuler, nous serions arrivés en peu de temps à 100,000 exemplaires, c'est à dire à une prospérité plus grande encore que celle du *Magasin pittoresque*. Quinze à vingt libraires seulement ayant réuni le nombre de souscripteurs voulu, reçurent chacun une action de jouissance. C'est donc principalement pour activer le zèle des autres que j'ai conseillé l'annonce du premier dividende de 18 p. 100. Je maintiens que ce dividende était effectif, et n'avait rien de frauduleux. Je soutiens qu'il

(1) Allusion aux huit actions de 1000 francs que possédait M. Dutertre Dana, et qui sont l'objet du procès.

n'y a rien de frauduleux non plus dans la différence matérielle que je suis obligé de reconnaître entre la rédaction de l'art. 9 de l'acte de société joint au prospectus, et l'art 9 du même acte tel qu'il a été lu à l'assemblée du mois de décembre 1835. La preuve que nous n'avons voulu tromper personne, c'est que l'acte de société se trouve publié en entier par les *Débats* et la *Gazette des Tribunaux*, tel qu'il a été mis en marge des actions. Maintenant, il ne se trouve pas, dit-on, en marge de certaines actions, et entre autres en marge de M. Dutertre-Dana. C'est encore un fait matériel *que je ne nie pas que je n'affirme pas*; ce n'est pas moi qui ai ordonné ce retranchement. Peut-être est-ce là l'œuvre de quelque commis, de quelque employé, qui pourrait bien n avoir pas eu d'autre but que d'économiser les frais de poste.

M. le président. — M. Cleemann, vous étiez le banquier, l'homme de finances, d'entreprise. Est-ce vous qui avez exécuté ce retranchement en marge des actions?

M. Cleemann. — Je ne l'ai pas ordonné, je n'en ai pas même eu connaissance; j'en prendrais cependant la responsabilité en l'expliquant comme vient de le faire M. Emile de Girardin.

M. le président. — Qui a redigé le prospectus?

M. Boutmy. — Autant que ma mémoire me peut servir, je crois que c'est moi.

M. le président. — Il paraît, et je dois vous prévenir que la partie adverse appuiera probablement sur ce fait, il paraît, dis je, que sur l'acte de société présenté dans l'assemblée de décembre, les changements dont on se plaint à l'art 9 étaient annotés au crayon de la main de l'un des gérants. Ces annotations sont-elles de votre fait?

M. Boutmy. — Je le crois, sans en être sûr.

M. de Girardin — Ce changement, auquel nous prouverons qu'on doit attacher peu d'importance, est du fait des trois gérants. J'ai donné ma démission de député tout exprès pour ne pas séparer ma cause de celle de mes gérants, *de mes deux amis* (1).

M. le président. — Les 150 actions *souscrites* par les trois gérants suivant une version, ou *remises*, suivant l'autre, aux trois gérants, sont elles restées entre leurs mains?

M. de Girardin — C'est une garantie que nous nous sommes donné l'un à l'autre; nous n'avons pas voulu que l'un de nous, se retirant inopinément, pût laisser aux deux autres le fardeau de l'entreprise. Nous sommes convenus de ne pas vendre nos actions avant un certain délai; nous avons eu toujours en mains 150 actions au moins.

M. le président. — Ainsi vous affirmez qu'aucune de ces actions n'a jamais été négociée?

M. de Girardin. — Je vous demande pardon, je ne dis pas cela. Nous en avons vendu une vingtaine, peut-être, mais toujours après que nous venions d'en racheter d'autres.

Me Paillet. — Je regrette que M. Dutertre-Dana ne soit pas présent; nous aurions pu avoir certaines explications à lui demander.

M. le président. — M. Couteau, son gendre, le représente; il doit avoir à cet égard des traditions de famille.

Me Marie. — Vous savez bien que M. Dutertre-Dana est malade, puisque vous êtes allé deux fois chez lui.

(1) De ces deux amis, l'un, Cleeman, fut condamné à propos des mines de Saint-Bérain.

M. de Girardin. — Je suis charmé de cette observation. *Le journal de Loir-et-Cher* a imprimé, et plusieurs autres journaux de Paris avec lui, que M. Boutmy était allé à Mer pour menacer M. Dutertre-Dana : Le fait est complétement faux, et ce journal a refusé d'insérer la lettre dans laquelle je le demandais. Voilà la bonne foi de ces messieurs des journaux. Ils se plaignent qu'on traite toujours les affaires par huissiers; je n'y ai pas eu recours cette fois, aussi ma réponse n'a pas été insérée.

Me Marie. — Mais vous qui parlez, vous n'avez pas inséré dans la *Presse* la réponse que M. Pétard avait faite à votre lettre.

M. le président. — Tout cela est étranger à la cause; il faut réserver quelque chose pour les plaidoiries. Nous allons entendre les témoins.

M. Paul Pauté, avoué. — Je reçus en 1834 l'acte de société du *Musée des Familles* et une lettre de trois pages ou l'on m'engageait vivement à prendre des actions. Je souscrivis pour deux, qui me furent envoyées par M. Cleemann; j'atteste sur l'honneur que la lettre était de M. Cleemann; que l'adresse même était de sa main, et que cependant mes deux actions ne portaient pas en marge l'acte de société. Une autre observation : le prospectus portait que les actionnaires recevaient gratis et à perpétuité l'ouvrage. On le leur a fait payer.

M. le président. — Quels motifs vous ont engagé à souscrire?

— Je vais vous le dire en un mot. J'ai cru et je crois encore que les trois gérants doivent 150,000 francs à la société. Quand j'ai vu que sur 300 actions ils en souscrivaient 150, j'ai pensé que l'affaire était bonne, et que l'intérêt des porteurs des 150 autres étaient suffisamment garanti par l'intérêt plus grand des gérants. Il existait 100 autres actions de jouissances; c'était, disait-on, la garantie des actionnaires; on devait en placer le produit en rentes sur l'état; elles ont été vendues en moins de trois mois. J'assistai à la première assemblée. Nous y fûmes convaincus que les 18 p. 100 de dividende avaient été pris sur le capital social, que par conséquent nous étions volés. M. Pétard proposa de citer ce jour-là même les trois gérants en police correctionnelle. J'avoue que je me rangeai à cette opinion, que cependant la majorité n'approuva pas. . . . .

Bref M. Pauté fut chez M. Cleemann, qui lui remboursa 500 francs par action pour les siennes et celles de deux de ses amis. M. Cleemann lui demanda le silence sur cette transaction. Il avait refusé de vendre ses actions à des ennemis politiques de Girardin.

M. de Girardin. — Je demanderai à M. Pauté quelle est cette personne qui lui aurait demandé à acheter des actions dans le but d'un scandale politique? (Marques générales d'improbation). Je ne comprends rien a ce bourа. Si l'on veut être mon ennemi, qu'on fasse comme moi, qu'on se présente à visage découvert. J'insiste sur ma question.

M. le président. — Vous aviez sans doute le droit de la faire; reste au témoin à voir s'il lui convient d'y répondre.

M. Paul Pauté. — Il est de mon honneur de ne pas répondre.

. . . .

M. Desrez. — Je demandai à M. Pétard d'être arbitre entre M. Dutertre-Dana et moi; je lui ai dit : j'offre 500 francs par action, c'est raisonnable; mais entre nous, j'irai jusqu'à 800 francs. Voyez, vous êtes avoué, faites au mieux mes intérêts. Le gendre de M. Dutertre-

Dana est venu à Paris, on me l'a caché ; et puis au lieu de 8000 francs on en a demandé 10000 ; quand la demande en autorisation de poursuite a été demandée à la chambre. M. de Girardin les a offerts, voulant payer la différence de sa poche.

Pièce produite aux débats
par Me Marie.

A M. Pétard, avoué à la cour royale.

Mer, 21 février 1868.

Monsieur Pétard, à Paris.

J'ai l'honneur de répondre à votre lettre du 20 courant, pour vous apprendre que j'ai reçu hier la visite de M. Desrez, qui m'a offert de me payer principal, intérêts, frais d'avocat et même des dommages-intérêts si j'en exigeais, ce que jai refusé bien entendu. Mais après les instances les plus vives de sa part et les plus sentimentales en apparence, je lui avais promis d'écrire un mot à M. de Girardin pour lui dire seulement, suivant son désir duement exprimé par M. Desrez, que je n'avais aucun sentiment d'animosité ; il m'a fait observer que M. de Girardin était très-malade et très-vivement affecté au moral et que ce mot de ma part lui rendrait la santé. Mais les faits cités en votre lettre me dégagent de ma promesse. Il a fait les mêmes démarches et avec les mêmes instances à mon épouse qu'il a trouvée chez un de nos parents, libraire, avec lequel il est en relation. Quelle corruption et quelle mauvaise foi dans un homme qui paraît si doux de caractère et qui a des formes si insinuantes et si honnêtes !

Il m'a déclaré que M. Cleemann était l'auteur de tout le mal par sa mauvaise gestion, et que lui et M. de Girardin étaient ses dupes ; que les actionnaires auraient dû recevoir un dividende de 18 p. 100. A ce moyen j'aurais dû recevoir une somme 2,480 francs de plus, qu'en cas d'arrangement à l'amiable, il serait juste de leur réclamer.

Il devait aller, lui M. Desrez, vous demander la lettre que je devais vous adresser pour M. de Girardin, mais je crois bien qu'il ne s'y frottera pas après ce qui s'est passé entre vous. S'il a cherché à vous acheter, il a cherché ainsi à me persuader que vous abusiez de mon honorable confiance, et que j'étais votre dupe, en m'engageant dans un procès interminable, et qui n'a d'autre cause que la vengeance et l'esprit de parti.

M. le président. — Me Pétard, vous avez parlé de tentatives de corruption à votre égard, en quoi consistent-elles?

M. Pétard. — M. Desrez m'a offert pour mon client l'intérêt et le capital ; il m'a offert mes frais, des honoraires et de belles affaires à suivre, c'est alors que je l'ai chassé.

M. Desrez. — Je jure que vous ne m'avez pas chassé.

Me Pétard — Je vous dit : vous voulez donc m'acheter, c'est alors que je vous ai jeté à la porte.

M. le président. — Mais M. de Girardin, personnellement n'a fait sur vous aucune tentation de corruption?

Me Marie. — Personnellement non, mais est-ce que M. le président ne regarde pas M. Desrez comme l'agent de M. de Girardin ?

M. de Girardin. — Il me serait facile d'établir, et j'affirme que M. Desrez n'est pas mon agent : ses affaires sont sérieuses et distinctes des miennes. Je n'ai jamais eu de prête-nom, je n'ai jamais emprunté le nom de personne, j'ai mis le mien sur toutes les publications auxquelles j'ai pris part, même au journal *la Presse*, malgré les considérations puissantes qui semblaient devoir m'en détourner.

6

AFFAIRE DE GIRARDIN, BOUTMY, CLEEMANN.

Plaidoirie de Me Marie.

Droit du 26 et 27 mars 1838.

« J'ai lu attentivement, minutieusement, l'acte de Société du *Musée des familles*, et je suis passé de l'étonnement à la stupéfaction à mesure que je suis entré dans l'esprit qui a présidé à sa rédaction. Qui le croira! dans un acte de Société où les intérêts de plusieurs sont mis en commun, doivent courir les mêmes risques de perte ou de gain, pas de moyens de contrôle indiqués, aucune vérification possible pour les intéressés.

« Dans cet acte de la Société du *Musée des familles*, on voit trois fondateurs, MM de Girardin, Boutmy et Cleemann; trois gérants, MM. Boutmy, Girardin et Cleemann; enfin un conseil de gérance composé de MM Cleeman, Boutmy et Girardin. Et pour contrôler cette triple trinité dans ses conceptions, dans ses applications, dans les résultats, rien, personne, eux, toujours eux, rien qu'eux, il n'y a pas de conseil de surveillance. Mais, bien mieux; il n'y a pas de conseil de surveillance, c'est peut être qu'on soumettra les comptes à tous les actionnaires, qu'ils seront tous appelés à la critique? Pas davantage; dans l'acte de Société, il n'y est pas même mention d'assemblée générale des actionnaires. Ils sont mis en dehors de toute participation aux actes de l'administration.

. . . .

« Si nous arrivons à la distribution du fonds social, le prodige va croissant. L'acte de Société, dans sa munificence, ne va pas moins qu'à attribuer, sur 300,000 fr. de capital, la moitié juste, 150,000 fr. aux trois gérants, et ce à titre de créateurs, d'inventeurs, de fondateurs, de l'idée qu'il n'avaient pas même le triste honneur d'avoir trouvée, car le *Magasin pittoresque* avait précédé le *Musée des familles* dans la carrière. Voilà donc 150,000 fr. à retrancher du fonds social de 300,000 fr. sans qu'il soit entré une obole en caisse. Voyons ce qu'adviendra de 150 autres actions de mille fr. De ces 150 actions, on en prend cent, auxquelles on donne le nom d'actions de jouissance; ces actions seront la rémunération des libraires qui prêteront leur concours efficace et reconnu suffisant à l'entreprise. Elles leurs seront données *gratuitement*, ce qui ne fournit pas encore beaucoup à la caisse. Enfin restent 50 actions dont on forme un fonds de réserve auquel les gérants ne pourront toucher et qu'on placera en rentes sur l'Etat.

« Récapitulons. Sur 300 actions de 1,000 fr., 150 sont données aux trois gérants, 100 aux titulaires, et les 50 dernières forment le fond de réserve : total 300 actions. Cette fois, vous le voyez, Messieurs, on avait dépassé le but, et quoique la gent actionnaire soit taillable et corvéable à merci, pour le coup il n'y avait pas moyen qu'elle arrivât.

« Il fallait sortir de là, il fallait un trait de génie : M. de Girardin le trouva.

« Tout à coup, on répand dans le public actionnaire que l'entreprise, à peine commencée depuis six mois, donne déjà un dividende de 18 p. 100. Eveillés par ce succès miraculeux, les actionnaires s'informent; de toutes parts arrivent des demandes sur l'acte de Société; on veut avoir des renseignements sur les éléments d'une combinaison aussi riche. C'est là le moment de triomphe des gérants. Le conseil de gérance s'assemble; on délibère; on rédige, et alors est lancé le fameux prospectus où l'art. 9 de l'acte de Société, défiguré, faussé, apparaît comme l'arche sainte qui doit être le salut des actionnaires.

. . . .

« Les trois gérants se retranchent dans leur loyauté et disent : Mais, M. Dutertre-Dana, de quoi vous plaignez vous? on vous doit 8.000 fr. on vous les a offerts, plus même, on vous a proposé 10,000 fr., que voulez-vous de plus? Eh quoi! Est-ce bien sérieusement que vous tenez ce langage? On vous accuse d'escroquerie, et vous prétendez n'être pas escroc parce que vous rapportez le prix du vol que vous avez fait?

. . . .

« Vous avez fait des offres! Eh quoi, est-ce là le bill d'indemnité que vous venez réclamer?

« Lorsqu'un homme obscur paraît sur ces bancs : s'il fait des offres, il est coupable; on n'en fait pas si on est honnête. Voilà ce que souvent j'ai entendu dire. Et je ne m'explique pas comment on veut interpréter différemment vos offres. Quoi! il vous suffira de dire : j'ai offert de l'argent, et tout est fini. Ce serait un scandale, et ce scandale ne sera pas donné. C'est une escroquerie que vous avez commise, il faut en subir toutes les honteuses conséquences; *et le mieux qu'il peut vous arriver, c'est de vous sauver de cette audience avec une flétrissure morale*, sinon avec la flétrissure pénale qui vous appartient.

« L'escroc, dit Merlin, est celui qui, habituellement par des ruses et des friponneries, tente de s'emparer de l'argent ou des autres choses d'autrui; l'escroquerie est l'acte de l'escroc.

. . . .

« Voilà, à mon sens, comment il nous faut caractériser l'action que nous avons à reprocher à MM de Girardin, Boutmy et Cleemann. Eh bien! Est-ce que je m'abuse? Est ce que ce ne sont pas là des manœuvres frauduleuses? Qu'allez-vous faire, magistrats? Acquitterez-vous ou non? Voyons et décidons. Il faut enfin que les hommes de cœur se liguent pour repousser les manœuvres de certaines chevaleries industrielles, Vous, messieurs du prospectus, vous reprochez à Dutertre-Dana l'action qu'il vous a intentée, et moi, moi, je lui donne des éloges publics pour la violence qu'il a fait à son caractère pacifique en s'attaquant à de si habiles champions. Ils s'imaginaient, ces gens, qu'ils ne rencontreraient jamais un homme d'honneur qui leur jetterait le gant au visage, il s'en est trouvé un, et je suis associé à sa sainte colère.

Je sais bien, riches d'hier, que vous êtes, que vous avez des protecteurs puissants; mais ici, baissez la tête, il n'y a plus de protecteurs. Ils pourront bien vous dédommager, vous qui n'êtes pas difficiles, mais ils ne pourront vous faire acquitter. Magistrats, vous allez faire un grand exemple, qu'il profite aux habiles comme aux ignorants; frappez et frappez fort, et chassez tous ces flibustiers de la Bourse, qui s'emparent de la fortune publique.

7

RÉPONSE DE GIRARDIN A MARIE. — RÉPLIQUE DE Me MARIE.

« ..... Monsieur Marie, votre cause est moins juste, mais elle est plus populaire ; mais on vous dit homme de conscience scrupuleuse et de convictions énergiques, incapable de servir sciemment de basses animosités, de haineuses turpitudes. Est-ce vrai ?

« Si cela est vrai, comment avez-vous pu si légèrement accepter la triste tâche de m'outrager, de me diffamer, de me calomnier, ainsi que vous n'avez pas hésité à le faire deux fois déjà avec emportement ?

« Si cela est vrai, comment n'avez-vous pas interrogé quelques-uns des amis qui ont assisté aux principaux actes de ma vie et qui auraient pu vous dire la vérité sur mon caractère, la vérité sur toutes les odieuses imputations qui m'ont été prodiguées et dont vous vous êtes fait le retentissant et éloquent écho ?

« Il vous eût été facile d'interroger tous ceux qui ont eu avec moi une seule fois des rapports de confiance ou d'affaires, il ne s'en fût pas trouvé un seul qui ne vous eût dit que j'étais le contraire de ce que vous supposiez, que toujours ils m'avaient trouvé juste, loyal, vrai, désintéressé, homme de cœur et d'honneur.

« J'ai perdu beaucoup d'ennemis, jamais d'amis. Vous avez bien voulu croire, Me Marie, que j'étais un spéculateur effréné, insultant à la morale publique, vivant fastueusement des dépouilles de ceux que je ruinais, que j'avais une grosse fortune et un grand train, que je donnais de brillantes fêtes, et vous vous êtes fait avec emportement, avec aveuglement, le vengeur des principes qu'on vous avait fait croire que j'outrageais. Pour vous mettre au nombre de mes ennemis, il a bien fallu qu'on trompât votre bonne foi.

« Mais la morale publique ne se défend pas en outrageant la vérité !

« Si vous êtes de bonne foi, Me Marie, il est dans cette enceinte des hommes qui me connaissent depuis longues années ; interpellez-les, ils vous diront que si plusieurs de mes amis me doivent une bonne partie de leur fortune, la mienne est toujours celle dont je me suis le moins occupé.

« La voulez-vous connaître ? En voici l'état, dont je garantis sur l'honneur l'exactitude ; il s'élève à 229 361 fr.

« Voilà quinze années que je travaille plus de quinze heures par jour, Me Marie ; que, pareil à l'ouvrier qui vit du travail de ses mains, je me couche à huit heures et me lève à trois. Dormir sept heures, cela a toujours été mon plus grand luxe, me le reprochez-vous ?

« Oh ! Me Marie, si vous aviez mis à vous éclairer le quart du temps que vous avez consacré à poursuivre mon déshonneur, jamais votre voix ne se fût élevée à mon sujet que pour me défendre au lieu de m'attaquer. (M. de Girardin, très-ému, verse des larmes.)

« En vous parlant ainsi, Me Marie, ne croyez pas que j'implore de votre part aucun ménagement, je déplore seulement votre erreur. Il n'y a que la bonne foi que je redoute de trouver chez mes ennemis. Les outrages de la mauvaise foi ne m'ont jamais atteint ; ne m'avez-vous pas vu accepter avec indifférence un démenti de l'homme assis près de vous? Un homme que j'eusse estimé ne me l'eût pas ainsi donné.

(*Me Marie se lève pour répliquer. Il reste quelques instants sans parler et paraît sous l'influence d'une vive émotion et d'une méditation profonde*) « Je ne sais pas, dit-il, dissimuler mes émotions, et je suis ému... Mais enfin, Messieurs, il faut que je le dise : lorsque le procès contre M. de Girardin m'a été confié, j'ai fait pour lui et surtout pour lui ce que je devais faire. J'ai examiné, j'ai consulté, j'ai médité sur sa position et je dois lui déclarer ici que jamais haine contre sa personne, quel qu'en soit le motif, n'a pu aborder mon cœur. Mais je dois lui déclarer aussi que je suis sans pitié contre l'industrialisme dont il m'a paru être le représentant. Je dois lui déclarer que ce qui m'a indigné profondément, que ce qui m'a armé contre lui, ce sont précisément les renseignements pris et reçus sur des sociétés sur lesquelles il n'avait pas réfléchi assez avant de les entreprendre. Ainsi sa parole a bien pu m'émouvoir; mais il y a quelque chose qui est au-dessus du cœur, c'est la conscience, et c'est aussi un devoir de conscience que je veux remplir et que je remplirai jusqu'au bout.

« M. de Girardin! sachez-le bien : quand j'ai examiné cette affaire, je n'ai pas voulu m'en rapporter à moi seul, j'ai voulu consulter des personnes plus éclairées que moi. Je me suis défié, non-seulement de mon intelligence, mais même encore de quelques passions qui, à mon insu, auraient pu m'aveugler.

« Je me suis adressé à une opinion politique qui n'est ni la vôtre ni la mienne et je lui ai demandé des renseignements. J'ai fait appel à sa justice et à son impartialité. Votre cause a été examinée non seulement avec conscience, mais avec maturité; et c'est en présence des faits, de la falsification des actes, que j'ai acquis la conviction de cette vérité qui, selon moi, ne peut être contestée; que, lorsqu'on annonçait des dividendes sur les bénéfices, on mentait au public. Ainsi, Messieurs, laissons de côté l'allocution de M. de Girardin et rentrons dans la cause.

« Que vous a-t-on dit hier? que M. de Girardin avait provoqué des explications à la tribune, qu'il avait demandé à la commission de s'éclairer. Mais est-ce qu'il n'est pas vrai qu'après avoir refusé les explications de M. Petard, on a admis les explications de M. de Girardin et les pièces qu'il produisait? Est-ce qu'il n'est pas vrai qu'après cela on est venu dire à la Chambre que toute cette accusation avait pris sa source dans des passions politiques? Ah! messieurs, ce peut être là un service rendu, mais ce ne peut être une opinion rasonnée.

« Il ne s'agit pas ici d'une lutte d'opinions, d'un conflit entre l'opposition et l'opinion ministérielle que représente M. de Girardin. Il s'agit d'une plainte en escroquerie, et puisque M. l'avocat du Roi nous a adressé des reproches, il nous faut descendre au rôle d'accusés. Il faudra nous justifier, car il y a des faits matériels qui nous justifieront suffisamment. Eh quoi! au milieu de toutes les plaintes qui s'élèvent de toutes parts, il faudra que l'actionnaire se taise, sous peine de se voir reprocher une poursuite qu'on aurait pu étouffer en recevant de l'argent

« J'ai entendu, moi, des hommes graves qui disaient : « Félicitons M. Pétard de n'avoir pas accepté les offres qu'on lui faisait. Il y a là quelque chose de providentiel dans un procès qui va traduire au grand jour une société par actions entachée d'escroquerie. » Voilà ce que des hommes graves m'ont dit, et M. Pétard est accusé ici! Il aurait, a-t-on dit, agi sans délicatesse; le blâme devrait l'atteindre. Messieurs, il y a solidarité entre nous deux; et moi, que vous avez appelé homme grave et consciencieux, je lui dois mon estime : nous verrons si la conscience publique ratifiera mon jugement ou le vôtre! »

(*Me Marie rentre ici dans la discussion des faits, et après avoir répondu en fait et en droit tant à Me Paillet qu'à M. l'avocat du Roi, il donne le chiffre des appointements de M. Cleemann; ce chiffre est nié par M. de Girardin*).

M. de Girardin. — Je le nie.

M. Roy. — Et moi, je l'affirme.

Me Marie. — Vous niez tout et vous ne prouvez rien; mais apportez donc vos livres; voulez-vous que la lumière jaillisse, c'est à vous à nous la donner, nous la demandons, nous l'appelons. Vos prétendues réserves, à l'occasion du rapport, que ne les représentez-vous, nous verrions en quoi elles le contredisent, nous comparerions les chiffres et nous jugerions... J'entends mon adversaire, qui parle si bien tout haut, j'entends mon adversaire dire tout bas : ce serait une question de comptabilité; mais la police correctionnelle en juge souvent de ces questions de comptabilité.....

(Pourquoi, lorsqu'il était si aisé de dissiper tout soupçon, M. de Girardin n'a-t-il pas réclamé lui même l'examen de ces livres, de même qu'il avait demandé à la Chambre le renvoi à la commission?)

(*Plus loin, Me Marie en vient à la disparition d'une des pieces du procès*.)

« L'expédition annotée a disparu entre les mains de nos adversaires; je le conçois, on ne la retrouvera pas cette minute, bien qu'on avoue les faits, savez-vous pourquoi? Je vais vous le dire, c'est que je crois, oui, dans ma conscience, je crois que les notes étaient de votre main, M. de Girardin, et que votre ami, votre obligé, M. Boutmy se sera dévoué.

(*Me Marie termine ainsi* :)

« Eh quoi! messieurs, vous condamnez aux peines de l'escroquerie le malheureux qui aura dit à sa dupe : « Donnez-moi 50 fr.; j'ai du crédit, je vous ferai obtenir une place, » et vous renverriez indemne le spéculateur éhonté qui aura crié aux petits capitaux : « Venez à moi, je vous donnerai 18, 30, 100 pour 100; venez, j'ai 6 millions dans ma caisse, tandis que dans sa caisse, il n'y aurait eu que ruses, fourberies, espérances fallacieuses, qu'escroqueries enfin! Messieurs, on vous a parlé d'une fortune modeste, qu'on a cependant portée à 200 000 fr.; moi aussi je sais ce que c'est que de gagner de l'argent par le travail, mais je sais que, par un travail honnête, 200 000 fr. ne se gagnent pas si facilement..... »

8

L'article de la Presse, *contenant la citation du* Temps, *commençait ainsi* :

« Le fait suivant est extrait d'un article publié ce matin par le *Temps* sur les voies de communication. »

La *Presse* ne citait presque rien de l'article du *Temps*. Cet article, très sérieux, tenait plus d'une colonne à la première page du *Temps*.

La *Presse* en prit seulement, au milieu, deux petits alinéa concernant certaines houillères du bassin d'Epinac, et y greffa sa réclame détaillée en continuant les guillemets.

Il faut noter un autre procédé. A la fin de cette fausse citation, la *Presse* portait ces mots entre parenthèses : (*Voir le dernier numéro de l'Actionnaire.*)

9

EXTRAIT DU « TEMPS » DU 23 JUIN 1838.

L'un des avocats qui ont porté la parole hier dans l'affaire des mines de Saint-Berain ayant cité un article publié dans *le Temps*, le 6 août 1837, nous croyons devoir reproduire cet article en entier :

Un faux en matière de publicité.

— Nous devons signaler au public une mesure indigne à laquelle on vient d'avoir recours, et qui, malheureusement, n'est pas employée pour la dernière fois. En citant l'extrait d'un article du *Temps* sur les voies de communication, où il n'est question que de faits généraux, on a cousu à cet article un lambeau d'annonces, dans lequel on nous fait prôner des actions de mines dont nous n'avions pas à parler. Des recommandations que nous n'avons point faites, des noms de banquiers que nous n'avons point prononcés, ont été présentés au public sous notre garantie.

« C'est un mensonge grossier ; c'est une manœuvre qui passe toutes « les bornes de l'*habileté industrielle*.

« Ainsi, après avoir rapporté un alinéa qui se trouve réellement dans notre article, on y a ajouté en continuant les guillemets :

« Les mines de Saint-Bérain et de Saint-Léger, qu'une réunion de « capitalistes vient d'acquérir récemment, sont également situées dans « le département de Saône-et-Loire, arrondissement de Châlon-sur-« Saône, et dans le même bassin qu'Epinac.

« Ces mines, qui offrent une étendue de 120 kilomètres carrés et « de 20,000 hectares, sont la concession la plus vaste que la loi per-« mette d'accorder. Elles ont été dernièrement visitées par un habile « ingénieur des mines, envoyé sur les lieux par les nouveaux acqué-« reurs. Plusieurs exemplaires de son rapport, qui vient d'être im-« primé, circulent déjà dans quelques mains On assure qu'une « compagnie pour l'exploitation de cette importante concession est « sur le point de se former, et qu'avant même la rédaction de l'acte « de société, les quatre cinquièmes des actions ont été retenus chez « les banquiers chargés de leur émission, parmi lesquels se trouve « M. A. Cleemann, à qui les belles usines de Charenton-le-Pont doi-« vent leur retour à la prospérité. En peu de mois, les actions de « Charenton le-Pont ont gagné 10 pour 100 de prime, sans l'aide « d'aucun agiotage. »

« Ce dernier passage est entièrement faux.

« L'uniformité de rédaction révèle le but intérieur de cette citation qui se trouve textuellement la même dans tous les journaux qui l'ont accueillie sur la foi de notre journal.

« Nous protestons énergiquement contre cet odieux abus, et nous engageons nos confrères à reproduire notre démenti, qui intéresse leur probité de journaliste autant que la nôtre. »

(L'article du *Temps* falsifié par *la Presse* était daté du jeudi 3 août 1837.) Il était sous ce titre :

Des voies de communication dans leurs rapports avec nos richesses minérales.

L'article commençait par ces lignes qui en indiquent la portée :

« Nous désirons vivement que le voyage que va faire M. le ministre « du commerce en Angleterre apporte quelque soulagement à plu- « sieurs de nos industries qui ne seraient point en souffrance si le « gouvernement français avait suivi, à leur égard, l'exemple de nos « voisins.

« M. Martin (du Nord) se propose de visiter les grandes voies de « communication établies de l'autre côté du détroit. Il rapportera « sans doute, de ce voyage, la pensée que c'est beaucoup moins par « la protection des tarifs que par de larges concessions de voies de « transport et de communication, qu'on peut venir en aide à la pros- « périté de l'industrie nationale.

« La houille en est aujourd'hui le mobile indispensable. La légis- « lation de 1810 qu'on veut compléter par la loi tout récemment « proposée aux chambres, exige que toute concession de mines soit « constamment tenue en crise d'exploitation.

« Eh bien! il est en France, et on l'ignore trop généralement, un « très grand nombre de concessions de houilles qui ne pourraient que « difficilement soutenir les conséquences de la loi si l'on ne se hâtait « d'ouvrir à leurs produits des débouchés sûrs et faciles.

« Nous n'en citerons que quelques-unes.

(Suit une énumération où sont comprises les mines de *Fins*, des *Gabeliers* et du *Montet*, dans l'Allier; celles de Bezenet, même département; celles de Bert; celles du Puy-de-Dôme et du bassin de Bourg-Lartic; celles du bassin de Brassac (Puy-de-Dôme et Haute-Loire); celles de Langeac (Haute-Loire); celles de Sainte-Foix-l'Argentière (Rhône); celles du bassin d'Epinac (Saône-et-Loire). — Les mines de Saint-Bérain et de Saint-Léger se trouvent dans le même bassin. C'est à ce point qu'avait été greffée la réclame.)

Le principal accusé dans l'affaire des mines, Auguste Cleemann, était intéressé au journal *la Presse*. Dans le procès en appel le président lui dit :

« ..... On vous reproche également d'avoir publié une foule d'ar- « ticles dans les journaux. N'est ce pas vous notamment qui avez « fait insérer dans le journal *la Presse*, dans lequel vous étiez inté- « ressé, un article qui paraissait ne faire que reproduire un article « précédent du journal *le Temps*, et cependant on y avait intercalé des « éloges pour les mines de Saint-Berain?

R. — Non, monsieur; toutes les insertions ont été faites à *l'Office de publicité*. C'est un bureau qui se charge de faire les annonces.

(M. Auguste Cleemann, en mars 1838, s'était assis sur les bancs de la police correctionnelle avec M. Boutmy et M. Emile de Girardin. Documents, pièce 2.)

Me Baroche, avocat des parties dans l'affaire des mines de Saint-Bérain, disait en s'adressant à M. Cleemann :

« Vous avez été dans *les Connaissances utiles*, dans *le Musée des familles*, dans *la Banque de prévoyance*, dans toutes les entreprises qui ont été si funestes, je ne dirai pas aux fondateurs, mais aux actionnaires »

(Me Baroche arrive à examiner les moyens auxquels on a eu recours pour *sauver* la nouvelle entreprise; le prospectus était usé, on n'avait pas encore songé aux rapports d'ingénieur civil.)

Le premier article qui ait paru dans les journaux, a été inséré dans *la Presse*, du 4 août. (*L'article plus haut.*)

(Me Baroche critique successivement trois annonces de *la Presse*, le 6 septembre, en un double supplément, avec gravures, plans, cartes, culs-de-lampe, et cet épigraphe : *La houille est le pain de l'industrie.*) (*Droit* du 22 juin 1838.)

8 et 9 bis

Presse, 4 août 1837. — Entre *la Chronique* et un article sur l'*Algérie*.

« Le fait suivant est un extrait d'un article publié ce matin dans *le Temps*, sur les voies de communication.

« Le bassin d'Epinac (Saône-et-Loire) fournit un exemple des ri-
« chesses qu'on crée et qu'on développe par l'établissement d'une
« voie de communication et l'ouverture d'un nouveau débouché.

« Ce bassin n'avait été que faiblement exploité dans l'étendue des
« quatre concessions dont il était l'objet, quoique la houille qu'il
« produisait fût propre à presque toutes les branches de l'industrie
« manufacturière. En 1813, on offrait de la concession d'Epinac
« 13,000 francs. En 1825, il se présenta un acquéreur pour 100,000 fr.
« sur un marché, et aujourd'hui, grâce au chemin de fer de 28 kilo-
« mètres, qui aboutit au canal de Bourgogne, la seule houillère d'E-
« pinac, vaut, assure-t-on, de 9 à 10 millions de francs.

« Les mines de Saint-Bérain et de Saint-Léger, etc. . . . . .

10

La *Presse* contient :

Le 4 août, la citation du *Temps* ;

Le 10 août, le rapport de M. Théodore Virlet (quatre colonnes. En acquittant M. Virlet, la Cour s'appuya sur ce qu'il avait pu ne pas prévoir les résultats qu'aurait son rapport, et comment il aiderait à l'escroquerie) ;

Le 13 août, un extrait du rapport de M. Théodore Virlet, sous ce titre général : HOUILLES. — MINES DE SAINT-BÉRAIN ET DE SAINT-LÉGER, *concession perpétuelle*. (*Saône-et-Loire*), et sous ces titres divers, en caractères saillants : *Situation*, — *Etendue*, — *Qualités*, — *Abondances*, — *Débouchés et voies de transport*. (Le numéro de la *Presse* de ce jour était signé : *le rédacteur en chef, gérant responsable, Emile de Girardin.*)

Le 16 août, une simple annonce, à la quatrième page, comme dans les journaux ordinaires ;

Le 21 août, un rapport de l'*Actionnaire*, précédé de ces mots : « Dans ce moment où l'attention de tout le monde, éveillée par la

« publicité des journaux, se porte avidement sur la mise en action « des mines de *Saint-Bérain* et de *Saint-Léger* (Saône-et-Loire), les « hommes prudents, sérieux, économes, que les rapports d'ingé- « nieurs distingués ont déjà favorablement disposés, doivent ressentir « le besoin de savoir au juste à quoi s'en tenir sur la partie financière « de cette entreprise. Or, voici un document qui s'adresse précisé- « ment aux *hommes d'affaires* proprement dits ; à ceux qui ne veu- « lent rien donner au hasard ; qui, avant d'agir, prétendent s'éclairer « et juger à fond et à froid : c'est le rapport de l'*Actionnaire*, juge- « ment impatiemment attendu et qui n'a été rendu qu'après l'enquête « la plus sévère par ce rigoureux contrôleur des sociétés en com- « mandite. Ainsi se trouve maintenant jugée l'exploitation des mines « de Saint-Bérain et de Saint-Léger :

« 1° Comme affaire SPÉCIALE par les hommes de l'art ;

« 2° Comme affaire FINANCIÈRE par les hommes compétents en « matière de société par actions et de contentieux.

« Au surplus, avant très peu de jours, l'affaire aura eu pour der- » nier juge un arbitre souverain, *le succès* ! car il ne restera plus « d'actions à placer que celles de l'appât d'un bénéfice à réaliser « immédiatement fera changer de mains. »

(La *Presse* de ce jour était signée : *Le rédacteur en chef, gérant responsable, E. de Girardin.*)

11

Droit, 24 juin 1838.

AFFAIRE DES MINES DE SAINT-BÉRAIN.

Plaidoirie de Me Baroche.

Après avoir démontré quels étaient la cause et le but du rapport (Virlet), le défenseur s'attache à expliquer l'usage qu'on en a fait. Il cite un article louangeur publié dans la *Presse* du 4 août, sous la rubrique d'un article emprunté au *Temps*, et que ce journal a démenti deux jours après, qualifiant ce prétendu emprunt d'un faux en matière de presse, révélant les manœuvres qui dépassent toute habileté industrielle, réfutation à laquelle répond M. Cleemann, en s'excusant sur une erreur typographique. Puis, passant en revue une assez longue série d'articles mensongers publiés dans la *Presse*, dans l'*Actionnaire* et dans la *Bourse*, il appuie principalement sur le supplément de la *Presse* du 6 septembre, qu'il qualifie de chef-d'œuvre du genre prospectus, pièce dont M. Cleemann au surplus s'est reconnu l'auteur, et dans laquelle, renchérissant encore sur tous les avantages des mines de Saint-Bérain, il a cru devoir faire figurer des plans de ladite exploitation, puis des images représentant quatre puits en pleine fonction, tandis qu'il n'en a jamais existé que trois, sans oublier l'effigie de la galerie principale aboutissant au canal du centre, galerie dans laquelle circule un wagon chargé de houille dont il doit incessamment remplir un grand bateau stationnant *ad hoc* sur le canal, quand il est bien établi qu'en ce moment la mine ne produisait que 340 hectolitres de charbon par jour.

En signalant tous ces faits, le défenseur se demande quel pouvait re le but des fondateurs en faisant un appel si pressant aux actionnaires, après avoir déclaré hautement qu'il ne restait plus d'actions à placer ? (absolument comme pour le *Musée des familles*). Ne voit-on pas clairement dans cette publicité qui ne serait plus que tardive l'empressement des gens qui n'ayant pas de confiance dans leur société, voulaient vendre absolument et à tout prix des actions, qui, dans leurs mains, ne leur inspiraient pas de sûreté?

11 bis

MINES DE SAINT BÉRAIN.

Plaidoirie de Me Delangle, avocat de Blum.

On s'est étonné des prospectus, des articles de journaux. Il semblerait qu'on les a inventés, pour l'affaire de Saint-Bérain. Il faut juger de tels faits selon l'exactitude des faits et la véritable appréciation qu'on leur doit; sans doute un blâme peut atteindre ces éloges outrés donnés à l'avance à une entreprise dans des journaux; mais ne sait-on pas que les entreprises même les meilleures, même les mieux justifiées par le succès, *ne se font pas faute de ces moyens de publicité que le bon goût et l'exacte vérité ne peuvent pas toujours avouer !*

. . . .

La question de droit du procès doit être posée en ces mots :

A-t-on entraîné les actionnaires à prendre des actions à l'aide de manœuvres frauduleuses?

Or, M. Louis Cleemann tombe-t-il. . . . .

Quant à M. Cleemann, on lui reproche des prospectus, des circulaires, des lettres écrites, des articles dans les journaux. C'est chose convenue, Messieurs, qu'il n'y a rien de répréhensible dans les efforts que fait le vendeur pour vendre sa marchandise; le rôle de l'acheteur, c'est d'examiner et de ne se décider qu'après examen. Sans doute les moyens *employés peuvent être blâmés dans l'exacte susceptibilité* du for intérieur ; mais la loi pénale n'a rien à faire là. La loi romaine le disait en termes formels, le vendeur et l'acheteur ont le droit de se tromper mutuellement (1) : *licet et invicem curuna venire.* Pothier, le vertueux Pothier, blâme lui-même tout ce que l'on peut faire pour exagérer la valeur de la chose vendue ; mais selon la loi civile, ce n'est pas un motif pour attaquer le contrat.

12.

COUR ROYALE DE PARIS (APPELS CORRECTIONNELS).

(Audience du 17 août 1838).

Gazette des Tribunaux, 18 août 1838).

Plaidoyer de M. Baroche.

Vous connaissez ce qui s'est passé à l'égard des journaux ; M. Cleemann rejette les annonces sur M. Justin, *entrepreneur de publicité* · c'est apparemment une profession nouvelle de notre époque. M. Justin n'a pu livrer à la publicité que les notes qui lui étaient remises ; n'oublions pas que les premiers articles sur les mines de Saint-Bé-

(1) Mais le tiers qui intervenait et mettait son nom comme garantie au dessus de celui du vendeur était puni. N'est-ce pas le cas de la *Presse*?

rain ont paru sur la *Presse*, et l'on connait les relations très particulières de M. Cleemann avec l'un des principaux propriétaires de ce journal.

M. Cleemann, et non M. Justin, doit être responsable de ce que le directeur du Journal *le Temps* a qualifié de *faux en matière de presse*. Vous savez que l'on a reproduit dans *la Presse* un article du *Temps* en y ajoutant plusieurs paragraphes guillemétés, comme si tout cela n'eût fait qu'une seule et même rédaction. M. Cleemann prétend que c'était une erreur typographique, parce que l'on avait mis des guillemets de trop. En jetant les yeux sur cet article, on reconnaît l'impossibilité de cette excuse. La confusion a été bien volontaire. Aussi, pour se réconcilier avec le journaliste, M. Cleeman l'a prié d'insérer tout au long, à raison de 1 franc 50 la ligne, tout le rapport de M. Virlet.

Je ne parlerai pas de ces éloges outrés dans lesquels il est dit que la *houille est le pain de l'industrie*, ni de ces images gravées sur bois où l'on montrait l'intérieur des mines de Saint Bérain. On y voit quatre cheminées qui fument, et comme il n'y a jamais eu que trois machines à vapeur en activité, il faudrait retrancher la quatrième cheminée fumant; il faudrait aussi retrancher le chemin de fer du puits de la Guyère qui alors était inondé.

13

AFFAIRE DES MINES DE SAINT-BÉRAIN (APPEL)

Gazette des Tribunaux, 20 août 1838.

(Extrait de la plaidoirie de M. Glandaz, substitut du procureur général.)

«... Les manœuvres frauduleuses résultent des circulaires et des articles des journaux Un de ces journaux, la *Bourse*, disait : « Nous « comprenons l'immense responsabilité qui pèserait sur nous, si « nous vantions une exploitation qui n'offrirait pas des chances de « succès. »

« Et cependant il vantait l'entreprise sans la connaître, et le gérant de la *Bourse*, assigné comme témoin en première instance, déclarait que les eloges étaient stipendiés. »

(Extrait de la plaidoirie de Me Delangle, défenseur de M. Blum et de Cleemann, frères.)

« Les annonces des journaux ne sont pas plus répréhensibles. Tous les jurisconsultes, Pothier en tête, ont reconnu qu'il ne fallait tenir aucun compte des jactances des vendeurs. Si l'on a mis dans ces prospectus des éloges qui ne fussent pas entièrement conformes à la vérité, cette exagération ne serait point punie par la loi pénale. S'il est dans le droit du vendeur de vanter sa chose, il est du devoir de l'acheteur d'examiner. Quant à la circulaire, l'organe du ministère public y trouve un mensonge...

M. Glaudaz. — Nous disons que les mensonges contenus dans l'acte de société et dans la circulaire ne constituent pas un délit; mais il en est autrement des articles de journaux, et particulièrement de celui qu'on a inséré comme extrait du *Temps*. »

Me Delangle. — ... On a beaucoup persisté sur un article du journal le *Temps*, inséré dans le journal la *Presse*, avec une addition guilmétée, comme si c'était un surchargement de la citation. Mais qu'importe ce fait? c'était une opinon; qu'elle soit dans le *Temps* ou dans la *Presse*, cela revenait au même pour le public. Le rédacteur du *Temps* a dénoncé cette bévue typographique ; mais le lendemain il s'est adouci en consentant à insérer le rapport de M. Virlet, qui en disait beaucoup plus que l'article.

Remarquez-le bien, je suis dans la nécessité de le répéter, un article de journal ne saurait constituer une manœuvre frauduleuse, parce qu'un article de journal n'est qu'une simple affirmation. En quelque manière que ces articles aient été rédigés, ils n'ont pu entraîner la conviction des actionnaires.

(Extrait de la plaidoirie de Me Berryer, réplique à Me Crémieux.)

«... L'action d'avoir trompé des actionnaires en mettant déloyalement dans sa poche 2,500,000 francs, à l'aide de prospectus mensongers et d'articles de journaux qui ont coûté 40,000 francs, constitue une véritable escroquerie. Dans le procès actuel il n'y a pas, il ne peut y avoir, de question de droit; c'est un vol de la nature de ceux que vous punissez tous les jours, qui ont lieu à l'aide d'un bijou prétendu trouvé et d'un compère qui en exagère le prix. Vous condamnez le trouveur et son compère à une, deux, trois années d'emprisonnement; serez-vous plus indulgent parce que le piége aurait été moins grossier, tendu avec plus d'adresse, et qu'il s'agirait, non de quelques pièces de monnaie, mais de millions? Je ne reconnaîtrais point là la justice de mon pays. »

(Extrait de l'arrêt de la Cour.)

« Considérant que, par une combinaison que la fraude la plus active pouvait seule organiser, des articles de journaux paraissaient à la même époque, quelquefois le même jour, dans les provinces les plus éloignées et dans Paris, pour vanter le nouvel établissement des mines de Saint-Bérain. . . . .

. . . .

« Considérant que ces faits, et notamment la correspondance dans laquelle Auguste Cleemann se présentait comme personnellement désintéressé, et les fausses assertions contenues dans les articles de journaux, constituent des manœuvres frauduleuses; que ces manœuvres ont eu pour but de se faire remettre diverses sommes. »

14

« LA PRESSE » PENDANT LES DÉBATS RELATIFS A L'AFFAIRE DES MINES SAINT-BÉRAIN.

M. de Girardin, qui le 6 septembre avait fait des frais typographiques pour annoncer la mise en vente des actions Saint Bérain, n'enregistre que certains détails anodins relativement au procès des administrateurs de cette entreprise.

Le 21 juin, à l'article *Tribunaux* :

« Le procès intenté par les porteurs de 500 actions des houillières de Saint-Berain (sur 4,500, nombre total) à MM. Gaulot, président de la chambre des notaires à Dijon; Clerget, ancien notaire; Gacon, avocat; D. Blum, ancien directeur des forges et d'usines importantes dans la Haute-Saône. et fondateur des mines de houille d'Epinac; Louis Cleemann, gérant de la société de Saint-Bérain; Auguste Cleemann, banquier de la société, et Virlet, ingénieur civil, membre de la Légion d honneur, etc etc., a été appelé aujourd'hui à la 6e chambre du tribunal de première instance L'audience a été uniquement consacrée à des interrogatoires et à des dépositions qui n'ont révélé aucun f it important. »

Le 22 *juin, sous la même rubrique* :

« Les débats relatifs à l'affaire de Saint-Bérain ont commencé aujourd'hui par une réponse de M Virlet aux allégations de M. Fournel. Dans cette réponse, M. Virlet s'attache surtout à établir que l'extraction pourra par la suite s'élever à 5,000 hectolitres par jour. M. Fournel ne soutient pas le contraire; il se borne seulement à prétendre qu'il est impossible de rien prévoir à ce sujet.

« Après ce débat, Me Baroche prend la parole au nom des plaignants; telle est l'étendue qu'il donne à sa plaidoirie, que le tribunal, afin de le laisser se reposer, suspend quelque temps l'audience, et qu'enfin Me Delangle, défenseur de MM. D. Blum, Louis et Auguste Cleemann n'a que le temps de commencer sa plaidoirie, dont l'exorde paraît produire une certaine sensation. »

Le 23 *juin* :

« Le tribunal de première instance (6e chambre) a entendu aujourd'hui les plaidoiries de Mes Teste, Delangle et Crémieux en faveur de MM. Clerget, Gaulot, Gacon, Louis et Auguste Cleemann, Blum et Virlet, dans l'affaire de Saint-Bérain Demain, Me Berryer doit prendre la parole pour les actionnaires, et Me Philippe Dupin répliquer pour les anciens propriétaires de la mine, et les gérant, banquier et ingénieur de la société.

Le *Messager*, qui avait donné fort au long la plaidoirie de Me Baroche, se borne ce soir à mentionner en trois lignes que Mes Teste, Delangle et Crémieux ont parlé... Le public appréciera ce procédé.

Le 24 *juin* :

« La sixième chambre, présidée par M. Mourre, après avoir entendu la plaidoirie de Me Berryer, le réquisitoire du ministère public et la réplique de Me Philippe Dupin, dans l'affaire de Saint-Bérain, a remis à huitaine le prononcé de son jugement. »

Le 1er *juillet*, relation *in extenso* du jugement de première instance *qui acquitte*.

Dans ce procès en appel, la *Presse* suit ainsi l'affaire :

16 *et* 17 *août* :

« La chambre des appels de police correctionnelle a eu à s'occuper aujourd'hui de l'appel interjeté par quelques actionnaires de Saint-Bérain. La lecture du rapport, faite par l'un des conseillers, M. Jurien, et les interrogatoires ont occupé toute l'audience de ce jour, qui n'a fait connaître aucun fait nouveau. On pense que ce jugement sera rendu samedi. »

18 *août* :

« Les débats de l'affaire des houilles de Saint-Bérain et Saint-Léger ont continué à l'audience d'aujourd'hui devant la cour royale. Me Baroche, chargé de soutenir l'appel des parties civiles, a porté la parole, et après lui M. Glandaz, avocat-général. Demain, la fin des plaidoiries et l'arrêt de la cour. »

Le 19 août :

« Les plaidoiries ont continué aujourd'hui dans l'affaire Cleemann ; Me Delangle pour MM. Cleemann et Blum ; Me Teste pour MM. Clerget, Gaulot et Gacon ; Me Crémieux pour M. Virlet, ont porté la parole. Me Berryer a plaidé pour la partie civile ; lundi Me Philippe Dupin répliquera. »

Le 21 août :

« A l'audience d'aujourd'hui, les plaidoiries ont continué dans l'affaire des mines de Saint-Bérain. Après la réplique de Me Philippe Dupin, dans l'intérêt des prévenus, M. l'avocat-général Glandaz a repris la parole. Me Teste a plaidé de nouveau en faveur de MM. Clerget, Gaulot et Gacon ; Me Crémieux a répliqué ensuite dans l'intérêt des autres prévenus. La cour a remis à mercredi le prononcé de son arrêt. »

Enfin, le 23 août, loin de donner les considérants de l'arrêt *qui condamne*, comme on avait fait en citant *in extenso* le jugement du tribunal de première instance *qui acquittait*, la *Presse* porte simplement ces lignes, qui viennent après plusieurs alinéa de détails sur une autre affaire :

« La cour royale a rendu aujourd'hui son arrêt dans l'affaire des mines de Saint-Bérain. Statuant sur l'appel interjeté par le ministère public, la cour, en ce qui touche David Blum et Auguste Cleemann, a infirmé le jugement de première instance et les a condamnés à trois ans de prison et 30,000 fr. d'amende ; statuant en outre sur l'appel des parties civiles, elle a condamné David Blum et Auguste Cleemann, solidairement et par corps, à payer aux actionnaires plaignants le remboursement de leurs actions, et a fixé à cinq ans la durée de la contrainte par corps.

« En ce qui touche les autres prévenus, Louis Cleemann, Théodore Virlet, Clerget, Gaulot et Gacon, la Cour a ordonné que le jugement de première instance sortirait son plein et entier effet. »

Cette conduite discrète ne ressemble en rien à celle qu'avait tenue M. de Girardin dans l'affaire du *Musée des Familles*. Le 26 mars, la première page de la *Presse* était entièrement couverte d'un article de M. de Girardin, avec pièces et chiffres ; l'accusé s'y défendait de toute complicité dans l'escroquerie. En juin et en avril au contraire, lorsque la *Presse* se trouvait incidemment mêlée aux débats de l'affaire de Saint-Bérain, M. de Girardin garda le plus complet silence. L'incident de la citation du *Temps*, les allusions de M. Berryer, de M. Baroche et de M. Fournel, rien ne fut relevé. On ne combattit aucun soupçon. — N'est-ce pas une première présomption, pour penser que la *Presse* redoutait la lumière?

15

EXTRAIT DE L'ARRÊT DE LA COUR ROYALE DE PARIS (CHAMBRE DES APPELS DE POLICE CORRECTIONNELLE.) — PRÉSIDENCE DE M. DUPUY. — (AUDIENCE DU 22 AOUT 1838.)

Affaire Saint-Bérain et Saint-Léger.

Considérant que par une combinaison *que la fraude la plus active pouvait seule organiser*, des articles de journaux paraissaient à la même époque, quelquefois le même jour, dans les provinces les plus éloignées et dans Paris, pour vanter le nouvel établissement des mines de Saint-Bérain et Saint-Léger, affirmer qu'après avoir pris les renseignements les plus scrupuleux, tous les avantages promis dans les circulaires, et le rapport de Virlet, devaient se réaliser ; que les extractions journalières étaient considérables ; pour y rappeler l'étendue de 20,017 hectares ou 50,000 arpents : et enfin, pour entretenir dans la ferme espérance d'un succès actuel annoncé aux actionnaires, et qu'il est établi que ces articles de journaux qui, pour le lecteur le plus clairvoyant, pouvaient paraître sérieux, sincères et écrits sous l'influence d'opinions honorables, n'étaient que des articles sortis d'un *office*, dit de *publicité*, dirigé par Justin, avec lequel Blum et Cleemann avaient fait un marché honteux pour atteindre le but qu'ils s'étaient proposé.

Considérant que ces faits, et notamment la correspondance dans laquelle Auguste Cleemann se présentait comme personnellement désintéressé, et les fausses assertions contenues dans les journaux constituent des manœuvres frauduleuses (1) ; que ces manœuvres ont eu pour but de se faire remettre diverses sommes. . . . .

. . . .

En ce qui touche Louis Cleemann,

Considérant que s'il a eu le *tort grave* de consentir les stipulations portées dans l'acte de société, et de *prêter ainsi son nom à une spéculation criminelle*, il n'est point suffisamment établi qu'il ait participé aux manœuvres frauduleuses dont Blum et Cleemann se sont rendus coupables ;

En ce qui touche Théodore Virlet,

Considérant que le rapport de Théodore Virlet a été pour Blum et Cleemann un des principaux moyens dont ils se sont servis pour tromper la confiance du public.

Qu'il résulte néanmoins des débats que la publicité de ce rapport a été le fait de Blum et d'Auguste Cleemann, et que si Théodore Virlet, entraîné par la faiblesse la plus coupable en y mettant son nom, a facilité une des manœuvres frauduleuses employées dans la cause, il n'est pas établi qu'il ait su l'*usage coupable qu'on voulait faire de son œuvre* (2), ni qu'il ait participé aux bénéfices illicites qui ont été le résultat de la fraude (*Sensation*.)

16

Un journal annonce qu'une perquisition a été faite chez madame Sophie Gay par la police qui croyait y trouver le sieur Cleemann. Le fait est exact, mais il remonte déjà à plus de dix jours. A la fin du mois dernier et sur les instances des mandataires des actionnaires de

(1) L'homme qui prêtait un moyen de publicité à ces manœuvres frauduleuses est-il, *oui* ou *non*, moralement complice?

(2) En admettant qu'il en fût ainsi pour le rédacteur de la *Presse*, en serait-il moins blâmable ? M. de Girardin est-il homme à crier par la voix de son journal : Cette entreprise est excellente ; sans se faire expliquer, au préalable, ce qu'elle est ?

Saint-Bérain qui croyaient, plus adroits que la police, avoir découvert la retraite d'Auguste Cleemann, des duplicata de mandats signés de M. Fournerat leur avaient été remis. Le samedi, 1er de ce mois, M. de Molène, procureur du roi de Versailles, fut requis de se prêter, en ce qui concerne ses attributions, à l'exécution de ces mandats.

Quelques difficultés sur les mesures à prendre s'élevèrent, et ce fut seulement le dimanche 2, à quatre heures du matin, que l'on put cerner la maison n° 56, avenue de Paris, au coin de la rue de la Porte-Royale, dans laquelle, en vertu de ce mandat, on s'introduisit.

Mme Sophie Gay, avertie en hâte, se leva et répondit à la sommation qui lui était faite que l'on pouvait visiter sa demeure où nulle personne étrangère ne se trouvait pour le moment. La visite eut lieu, et en effet, bien que des désordres d'une partie de la maison semblât résulter quelque indice d'un séjour très-récent, on ne découvrit pas la personne qui était l'objet des recherches. Les agents de l'autorité se retirèrent et, dans la petite ville de Versailles, cette visite matinale ne fut connue que d'un petit nombre de personnes qui, à ce qu'il paraît, n'ont pas cru devoir en conserver le secret.

(*Gazette des Tribunaux*, 12 septembre 1838.)

Paris, 15 septembre.

On lisait il y a deux jours dans la Presse :

« Plusieurs journaux ont annoncé avec autant d'inexactitude que de perfidie, qu'une visite domiciliaire avait eu lieu à Versailles, chez Mme Gay, *belle-mère de M. Emile de Girardin*, ajoutant *que les investigations de la police avaient fourni la preuve que trois quarts d'heure plus tôt, elle y eût saisi M. Auguste Cleemann, dont la famille habite également Versailles.* Deux intrigants qui s'étaient fait promettre une forte somme et remettre un premier à-compte, se sont, en effet, introduits dans le domicile de Mme Gay à l'aide de fausses qualités. Une plainte a été déposée contre eux ; la justice informe. »

Nous nous bornerons à faire observer que ce n'est point à la *Gazette des Tribunaux* que peuvent s'adresser les reproches d'inexactitude et de perfidie que la *Presse* semble se croire en droit de faire : les expressions qu'elle relève ne se trouvaient point dans notre récit, dont nous maintenons l'exactitude. Quant aux deux personnes que la *Presse* représente comme deux intrigants qui, à l'aide de fausses qualités, se seraient introduits dans le domicile de Mme Gay ; tout ce que nous pouvons dire, c'est qu'elles étaient porteurs de mandats réguliers. La *Presse* elle-même semble reconnaître qu'elle a été induite en erreur, car on lit dans son numéro d'aujourd'hui :

« Des renseignements qui nous sont donnés sur la visite dont il a été parlé dans la *Presse* d'hier, il résulte que nos informations n'auraient point été entièrement exactes en ce qui concerne les deux personnes désignées. »

(*Gazette des Tribunaux*, 16 septembre 1838.)

On lit dans le *Journal du Havre* :

« M. Cleemann, que la police de Paris a si longtemps cherché dans tous les lieux où il n'était pas, se trouve actuellement à Londres. C'est un voyageur qui a parfaitement reconnu M. Cleemann, qui nous assure l'avoir vu mardi dernier à Hay-Market. »

(*Gazette des Tribunaux*, 20 octobre 1838.)

17

Lettre publiée dans le *National*.

M. Martin (de Strasbourg), à M. Émile de Girardin.

Monsieur,

En vous permettant dans la lettre insérée dans *la Presse* du 19 février la provocation si directe et si injurieuse qu'elle contient, vous n'avez fait que spéculer sur votre infamie, car vous savez que vous vous trouvez dans une position telle, qu'il n'y a plus d'affaires d'honneur possibles avec vous.

Votre pensée sur moi m'est complétement indifférente, mais il est faux que vous me l'ayez jamais exprimée, comme il est faux que jamais personne, dans une circonstance quelconque, m'ait vu *interdit*, *tremblant* et *muet*, et je vous défie de trouver parmi mes anciens collègues de la chambre, un seul qui puisse affirmer ce que vous avez dit :

Depuis le 23 décembre 1837, jour de la première vérification de nos pouvoirs, vous ne m'avez jamais parlé, et je ne vous aurais pas permis de m'adresser la parole. Ce jour-là, je venais de soutenir à la tribune que vous ne prouviez pas suffisamment votre nationalité; je recevais dans les couloirs de la chambre quelques félicitations sur mes débuts parlementaires, lorsqu'en passant auprès de moi, vous m'avez dit : « Moi, monsieur, je ne vous fais pas compliment. » J'ai répondu : Je n'en attends pas de vous, monsieur. » Vous avez ajouté : « Moi, je serais honteux d'avoir agi comme vous l'avez fait. » Je me suis retourné en vous disant : « Monsieur, je ne souffrirai pas que vous m'insultiez. » Et M. Gillot qui avait fait le rapport, est venu s'interposer et vous a emmené.

Voilà, dans toute son exactitude, le colloque que vous avez, ce jour-là, provoqué, et je le répète, depuis ce jour-là, vous ne m'avez plus jamais parlé.

Votre audace, monsieur, ou plutôt votre impudence, me force aujourd'hui à vous écrire directement, et pour moi, c'est là l'impression la plus terrible et le regret le plus amer, car vous êtes un homme avec lequel d'honnêtes gens ne doivent jamais avoir affaire.

Je n'aurais pas écrit une seule ligne pour vous constituer en état de mensonge, car cela n'en vaudrait pas la peine; mais j'ai voulu savoir pour moi-même jusqu'où pouvaient aller la corruption et l'improbité; et quand je l'ai découvert, j'ai vu qu'il était du devoir d'un bon citoyen, de faire connaître au pays que M. le ministre des finances, M. le ministre de l'intérieur et M. le secrétaire général du Ministre de l'Intérieur, avaient manqué de loyauté dans leur communications avec la Chambre et qu'ils avaient tous trois sciemment menti à la face de la France.

Strasbourg, 21 février 1839,

Martin,
ancien député de Strasbourg.

18

Dans une réplique éloquente au réquisitoire du Ministère public, Me Cléry défendant dernièrement notre confrère et ami Rochefort, rappelait en ces termes la solution de l'affaire de M. Bergeron avec M. Emile de Girardin :

« C'était sous le règne de Louis-Philippe ; un homme appelé Ber-
« geron fut accusé d'avoir tiré un coup de pistolet sur le roi. Il fut
« traduit devant la Cour d'assises, et, après de longs débats, il fut
« acquitté. Il entra, pour vivre, dans la rédaction d'un journal avec
« M. Emile de Girardin. Celui-ci, dans les ardeurs de la polémique,
« alla jusqu'à reprocher à son adversaire de donner asile à des régi-
« cides.

« Bergeron, acquitté par la cour d'assises, Bergeron, le plus hon-
« nête homme du monde aux yeux de tous, fut obligé de quitter le
« journal. Il provoqua M. de Girardin, qui refusa de se battre. C'est
« alors qu'un soir, à l'Opéra, Bergeron, entrant dans une loge voi-
« sine de celle de M. de Girardin, se nomma à lui et lui donna un
« soufflet. M. de Girardin poursuivit devant les tribunaux Bergeron,
« qui fut condamné à cinq ans de prison. »

Avis aux adversaires du Rédacteur en chef du journal la *Liberté*.

Paris. — Imp. Gaittet, rue du Jardinet, 1.

www.ingramcontent.com/pod-product-compliance
Lightning Source LLC
LaVergne TN
LVHW010100230826
846091LV00005B/2023

* 9 7 8 2 0 1 3 4 4 8 1 4 7 *